本书为四川省2022年度教育科研重点课题"教育家型教师教育思想生成
（课题编号：SCJG22A025）和成都市名师专项课题《基于深度学习的整本书
（课题编号：CY2019ZM43）的研究成果。

U0614443

归本 求真

深度学习整本书

刘 勇 杨开清 ◎ 编著

吉林人民出版社

图书在版编目（CIP）数据

归本　求真：深度学习整本书 / 刘勇，杨开清编著

.—长春：吉林人民出版社，2023.9

ISBN 978-7-206-20586-6

Ⅰ.①归… Ⅱ.①刘… ②杨… Ⅲ.①中学语文课—教学研究—初中 Ⅳ.①G633.302

中国国家版本馆CIP数据核字（2023）第206098号

归本　求真——深度学习整本书
GUIBEN QIUZHEN——SHENDU XUEXI ZHENGBENSHU

编　　著：刘　勇　杨开清　　封面设计：李　娜

责任编辑：刘子莹

吉林人民出版社出版发行（长春市人民大街7548号　　邮政编码：130022）

印　　刷：北京政采印刷服务有限公司

开　　本：787mm×1092mm　　1/16

印　　张：12.5　　　　字　　数：177千字

标准书号：ISBN 978-7-206-20586-6

版　　次：2023年9月第1版　　印　　次：2023年9月第1次印刷

定　　价：58.00元

如发现印装质量问题，影响阅读，请与出版社联系调换。

归本 求真：深度学习整本书

眼睛看不到的风景，文字可以；脚步走不到的远方，阅读可以。

读书，可以丰厚我们的知识，涵养我们的气质，化育我们的人生。正如瑞士作家凯勒所言，"一本书像一艘船，带领我们从狭隘的地方，驶向生活的无限广阔的海洋"。

整本书阅读是"立德树人"的极佳阵地，可以有效培育"有理想、有本领、有担当"的新时代人才。自2014年"全民阅读"被写进政府工作报告，到"十四五"规划纲要提出建设"书香中国"，这些都充分彰显了党和国家对于全民阅读的高度重视。2023年1月12日，全国教育工作会议强调"要把开展读书活动作为一件大事来抓，引导学生爱读书、读好书、善读书"。2023年3月27日，教育部等八部门印发《全国青少年学生读书行动实施方案》，提出"引导激励青少年学生爱读书、读好书、善读书，立志为中华民族伟大复兴而读书"，进一步明确了青少年阅读的目标和价值。

整本书阅读的鸿篇巨制与深度学习的内容材料高度契合，对学生一生的成长影响深刻。阅读不只是浮光掠影地扫过一排排文字，比起兴之所至的随口闲聊，阅读应当是一种更有活力、更有价值的心智活动。整本书阅读具有多层次、多维度的意义和价值，可以更好地在深度学习中确认与塑造读者身份，培养质疑、辩论、多元分享的阅读文化，营造学生现在和未来的书香生活。

如何深入推动整本书阅读？"学生、教师和知识构成了经典的教学三角。教与学都由知识共享滋养和促进。通过教学际遇，教育把我们与人类积累的知识传承联系起来，也让我们有机会为之做出贡献。"①这里的"教学际遇"，就是在强调整本书阅读策略、阅读指导、阅读任务以外，更应当注重学生的阅读氛围、阅读状态和阅读体验等，实现真正的以生为本，以读为真，从而促进深度阅读的真正发生。

一切的学习，本质上都是学生的自我构建。基于深度学习视域下的整本书阅读，要帮助阅读主体（学生）突破四大困境：无阅读时间作保障、无阅读兴趣作动力、无阅读方法作向导、无阅读整合作提升。当然，整本书阅读还要帮助教学主体（教师）突破以下三个突出问题：一是局限于考试评价，二是停滞于浅表引导，三是被动于教参植入。因此，整本书阅读教学，绝非迎合学生的阅读趣味而放手不管，应当是教师以专业化的方案、实施和评估，促进学生在阅读中深入到文本中去、深入到思维中去、深入到情感中去、深入到审美中去，从阅读经验与智慧的此岸到达彼岸的过程。

基于深度学习理念如何让整本书阅读走向深入？可以整合"思辨性阅读与表达"与"整本书阅读"学习任务群开展教学。如何整合？一是阅读起来，二是思考起来，三是写作起来。明确阅读目标，使形式导读变为问题阅读，让阅读深入学科体系，这是深度阅读的逻辑起点；生成阅读思维，使阅读打卡变为思辨对话，让阅读深入学生内心，这是深度阅读的关键能力；培育核心素养，使应试训练变为创意表达，让阅读深入现实生活，这是深度阅读的核心成果。

如何引导学生深度阅读整本书？教师要思考三点：首先，如何保持学生的阅读兴趣，即如何培养学生的阅读力；其次，如何激发学生的阅读思考，即培养学生的思考力；最后，如何激活学生的阅读表达，即培养学生的表达力。

创设安全适宜的支持性环境、设置深度研讨的框架与问题类型、搭建探索性谈话学习的教学支架是整本书阅读教学的核心策略。

2010年、2018年，成都市双流区刘勇名师工作室、成都市刘勇名师工作

---

① 联合国教科文组织. 一起重新构想我们的未来：为教育打造新的社会契约［M］. 北京：教育科学出版社，2022.

室相继成立。成立之初，工作室就明确提出"本真语文"的教育理念，去弊、归本、求真，是让语文回归本真的教育策略。13年来，整本书阅读研究一直是本工作室的研究重点。2013年11月，笔者主持的《双流县初中生名著阅读现状调查与对策研究》顺利结题，结题成果获得成都市教科院课题成果类一等奖；2017年1月，笔者主持的《四川城乡初中生名著阅读现状调查及对比研究》顺利结题，结题成果获得四川省教科院课题成果类一等奖；2019年8月，笔者主持的成都市教科院名师专项课题《基于深度学习的整本书阅读教学实践研究》开题，现在课题仍在持续研究中。本轮研究"三个基于"：一是基于核心素养培育的初中整本书阅读课程研究，二是基于深度学习模式的初中整本书教学策略研究，三是基于教学评一致性的初中整本书阅读教学的有效评价研究。在这个过程中，工作室还承担了由温儒敏、王本华主编的"名著阅读课程化丛书"七、八、九年级六本书的编写任务，并主编了《〈海底两万里〉名著整本书导读》。2016年9月，《我们需要怎样阅读经典》获得第十届"人教杯"全国名著阅读经验交流特等奖，并向全国同人交流相关经验。后来，整本书阅读公开课、课题相关成果分别在省、市、区等各级各类活动中进行展示与交流。

德国作家、诗人赫尔曼·黑塞说过，"世界上任何书本，都不会给你带来幸福，但书本会悄悄教育你，让你成为你自己"。我们需要在课程设计、课堂机制、实践策略三方面着力，努力达成"入文、入情、入心"的境界。例如阅读《红岩》时，通过"寻找红岩遗址，梳理英雄事迹，还原人物形象，建构红色文化，践行革命精神"等系列任务，促进学生回归阅读，在文本中寻找蛛丝马迹，在阅读中感受历史真相。整合课文《邓稼先》《土地的誓言》，推荐观看电影《建党伟业》，通过助读材料、情景体验和文化探究，达到对革命英雄人物的深刻理解与感情融通。师生在共读中发现并感受震撼——发现革命传统文化中积极向上、坚韧刚强、勇于牺牲的伟大力量。这样的阅读滋养和内化生长，正是生命的潜滋暗长与润物无声；这样的精神内核，正是时代的必需品与精神的营养品。

教育是为培养"人"服务的，语文学科责无旁贷地承担着"育人"的重任。"全民阅读"将阅读提升到对国家、民族和人民进行精神塑形的高度上来，并给予了其落实立德树人的根本任务。阅读是语文教学的命门，阅读理解就是一种通过同化与顺应并不断循环的视域融合，通过阅读，不仅能把读物从一系列的符号变为一种充满意义的作品，而且通过视域融合可以改造学生本身。笔者认为，应当"让整本书阅读成为最重要的育人路径"。机械、单调的教学，枯燥、反复的训练，是当下阅读教学的困境，"整本书阅读"教学可以真正地达成让学生"多读书，读好书"的阅读战略。

指向深度阅读的整本书阅读教学，要关注文本、作者与读者，意即走向读文、读人与读我。不关注文本，阅读教育就失去了根基；不关注作者，阅读教学就失去了灵魂；不关注学生，阅读教学就失去了意义。之所以在整本书阅读中可以让学生从感受体验走向理性认知和意义建构，是因为文本、作者与学生三者之间既能构成相互对话又能形成逻辑自洽。首先，虽然理解允许多元，但文本语言是客观的；其次，虽然作者的意图可能存在争议，但文本结构是清晰的；最后，虽然学生可以去"完形"，但文本对话是理性的。通过对于语言、结构、对话等立体阅读，即可完成对于整本书深度阅读的建构。

"道、术、用"是中国传统哲学探讨事物运行规律及实践的模式，通常包含三个层次：道是方向原理，术是操作方法，用是实践探索。道以明向，术以立策，用以成事。所以本书共三章：第一章为"整本书阅读教育观"，主要从阅读观、课程观、教学观三个方面进行阐述，其中，阅读观为本质，课程观为本体，教学观为本位。第二章为"整本书阅读教学策"，又分为方法论策略、过程性策略和评价性策略，分别从方法、指导、评价三方面展开阐述。第三章为"整本书阅读课堂辑"，分为回忆性散文的诗意阅读、成长小说的深度阅读、跨学科融合的科幻小说阅读、《经典常谈》选择性阅读与思辨读写、由"点"及"体"的诗选阅读、基于思维培育的古典名著阅读、"语境差"视域下的名著阅读七个部分，每部分又分为目标定向、课堂辑录、教学反思三大板块，力图清晰阐述"教什么""怎么教""教得怎样"三大基本问题，解决整本书阅读教学的实践难题。

在多年的实践中，工作室从前期的"深度阅读""生态阅读""全域阅读"等理念再到"具身阅读""任务阅读""思辨读写"的策略探索，从阅读意识的培养再到阅读习惯的形成、阅读创意的探索、阅读兴趣的呵护、思辨阅读的展开及思辨读写课程的建设……所有这些都留下了一系列真实而曲折的探索印记。让读者积极广泛地阅读整本书，在此基础上，重视读者对整本书的深度理解，注重读者对整本书所学内容的迁移应用，这样才能真正影响读者的一生。

"起"，在《说文解字》中被释为"能立也。从走巳声"，看起来是个形声字。意思是说，"起"是从不立的状态，或止或坐，转变为站立的状态。不过，我们觉得"起"也像是一个会意字，是自"己""走"起来：一个是"走"，一个是"己"。走是行动，是改变；己是身份，是自己心里的意愿。只有自己真正地行动起来，才算是"起"。

不忘初心，久久为功。整本书深度学习，深在何处？一是深入触及学生素养的全面性，二是对人类文化的深透理解感悟，三是对学生一生成长的深刻影响。从阅读对话走向深度认知，从阅读训练走向深度理解，从阅读活动走向深度体悟，真正地培育学生的核心素养。整本书阅读，没有终点，只有起点。且行且思，让我们一起行走在整本书阅读教学的路上。

成都棠湖外国语学校　刘　勇
2023年2月于双流翰林上岛

目 录 |

| 第三章 |

整本书阅读课堂辑

第一章
整本书阅读教育观

　　《中国大百科全书·教育卷》认为，"阅读是一种从书面语言中获得意义的心理过程，也是一种基本的智力技能，它是由一系列的过程和行为构成的总和"。在学校，阅读活动带有特定的教育目的，它往往由阅读课程、阅读教学、阅读活动等构成，涉及阅读的主体（学生）、课程的主体（教师）、阅读的客体（文本）及阅读的环境等。学校场景下的阅读活动，就是学生、教师与文本三者之间的多重对话，要实现三个头脑（作者、学生、教师）与心灵之间的转换。

　　在教学实践中，教师应当关注学生的阅读氛围、阅读状态、阅读经历、阅读习惯等，实现以生为本、以读为真的本真取向，从而促进深度阅读的真正发生。本章为"整本书阅读教育观"，主要从阅读观、课程观、教学观三个方面进行阐述。其中，阅读观为本质，课程观为本体，教学观为本位。

阅读观：让整本书阅读"扎下根来"

成都棠湖外国语学校　刘勇

　　整本书阅读，首先应当确保阅读三要素：充足的阅读时间，持续的阅读兴趣，有效的阅读方法。我校每周两节的名著阅读课，保证了整本书阅读的有效推进；每学期的经典阅读兴趣小组和每学年的读书活动月，促进了整本书阅读的真实展开；每本书都有固定的前期导读、中期推进、后期整合三类课型，探索整本书阅读的课堂实践。其次应当实现阅读的"三维"达成，即从阅读问题、阅读任务、阅读对话出发，消除阅读障碍和改善阅读机制，把阅读的时空伸向大地、把思辨的权利还给学生、把写作的思维导向星空，从而让阅读有"源头活水"、让思辨"有的放矢"、让写作有"诗与远方"，最终让整本书阅读深深地"扎下根来"，达成立德树人、培育素养的教育战略目标。

中国古代的私塾教育，就是读完《论语》又读《孟子》，读完"四书"再读"五经"，读完"经书"读"史书"，就这样一本一本地读下去。当下的语文教材，大都是"文选"式的，适于"精读"；而教材所推荐的整本书，适于"略读"。精读与略读，各有其用。叶圣陶在《国文科之目的》一文中指出："要养成阅读能力，非课外多看书籍不可。课本只是举出些例子，以便指示、说明而已，这里重要在方法。"由此可见，只有以单篇精读为"例子"出发，与课外书籍略读相得益彰，才能达成"教是为了不教""让学生自能读书"的目的。

整本书阅读存在"时间长、方法杂、任务重、见效慢"的诸多问题，也是当下语文学习的重点与难点。语文学习的核心就是阅读与写作，并在其中涵养人文素质，从而潜移默化地培养学生"文化自信，语言运用、思维能力和审美创造"的学科核心素养。《义务教育语文课程标准（2022年版）》开设了六个学习任务群，学习任务群之间可以融通，其中发展型学习任务群中的"思辨性阅读与表达"与拓展型学习任务群中的"整本书阅读"是亮点。"思辨性阅读与表达"学习任务群强调"设计阅读、讨论、探究、演讲、写作等多种学习活动，引导学生学习发现、思考、探究问题的思路和方法""表达要观点鲜明、证据充分、合乎逻辑"；"整本书阅读"学习任务群强调"设计、组织多样的语文实践活动，如师生共读、同伴共读、朗诵会、故事会、戏剧节，建立读书共同体，交流读书心得，分享阅读经验""引导学生从阅读方法、阅读习惯等方面进行自我反思、自我改进"等。基于阅读问题的整本书思辨读写，就是要打通阅读与写作的厚障壁，需要在整本书学习中开展理性的阅读和思辨的表达。

如何让整本书思辨阅读扎下深根？任何阅读任务都不可能一蹴而就，需要学生带着思想在名著阅读中多"走"几个来回，达成"三维"阅读，即通过阅文、阅事、阅人，让学生有时间、有任务、有表达，把阅读的源头伸向大地、把写作的思维导向星空、把表达的权利还给学生，让学生学会阅读、学会思考、学会运用，从而让整本书阅读真正地"扎下根来"。

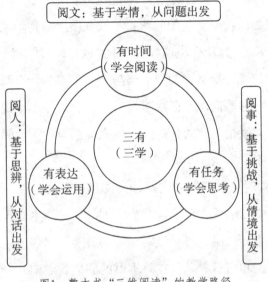

图1 整本书"三维阅读"的教学路径

一、从阅读问题出发，还学生以思考空间

从愿意阅读到真实阅读，让学生扎扎实实地读书，这是读书的"前奏"，这样的"读过"是最基本的前提，一味地贪多求深、贪大求新只能适得其反，甚至还会败坏学生的阅读胃口。

阅读是学生自己的事，任何教学都无法替代。叶圣陶说："教师的责任不再把一篇篇的文章装进学生的脑子里去；因为教师不能一辈子跟着学生，把学生所要读的书一部部装进学生脑子里去。教师只要待学生预习之后，给他们纠正，补充，阐发；唯有如此，学生在预习阶段既练习了自己读书，在讨论的阶段又得到切磋琢磨的实益，他们阅读书籍的良好习惯才会渐渐养成。"如何"把学生所要读的书一部部装进学生脑子里去"？这就需要还学生以阅读时间，从阅读问题出发，激发他们的阅读兴趣。这里的阅读问题表现在两个方面：一是阅读书册所面临的问题，如没有阅读时间、缺少阅读方法；二是阅读完书册之后产生的问题，即阅读过程中所产生的语言或内容障碍，抑或阅读之后所产生的有关主题或者思想等深层次方面的问题。

阅读《边城》，学生的阅读兴趣是比较高的，给学生一定的阅读时间，学生便可以提出较有质量的问题："课文屡屡写到唱歌，对人物塑造起到了什么作用？""为什么小说如此结尾？后来翠翠有没有等到傩送的回来？""本书为何设置这么多的误会与巧合？""为什么明明是真爱，却导致了人间悲剧？"这些问题指向故事情节、人物形象和小说主旨，可以整合为"人性的善美与爱情的悲欢"的大主题来促进学生深度阅读，并完成相关的研究性读写任务。

"问"为名词时，是问题和议题，是阅读名著的开端，可以聚合学生的心智，可以促进学习的投入；"问"为动词时，是学生真正阅读的质询与思考，可以提升学生的思维，可以砥砺学习的品质。尼尔·盖曼说："未来取决于图书馆、阅读和白日梦。"在整本书的阅读教学中，一定要从学生阅读名著之后的真实问题出发，还学生以阅读时间和思考空间，并让学生带着问题再去阅读，这就是最好的阅读状态。

二、从阅读任务出发，给学生以思维挑战

从真实阅读到任务阅读，便是让学生带着问题与任务去"再阅读"和"深阅读"，是读书的"突破点"，这样的"读懂"是思辨阅读的核心环节，否则思辨读写就是无源之水。

好的整本书阅读任务，是为了让学生能够在阅读中展开思维并能完成较为复杂的心智活动，特别是促进他们理性地去阅读文字。"阅读是阅读主体对读物的认知、理解、吸收和应用的复杂的心智过程，是现代文明社会人们不可或缺的智能活动，是人们从事学习的最重要的途径和手段之一。"朱自清曾指出："一般人的阅读大概都是只观大意，并且往往随读随忘；虽然快得惊人，却是毫无用处。随读随忘不但不能帮助写作，恐怕连增进知识和经验的效果也不会有。"怎么办？教师应当以终为始，引导学生展开有意义的阅读。郑钢认为，逆向设计有三种路径：一是用结果来组织学习；二是用任务来设计评价；三是用理解来定义学习。教师要善于设计合宜的阅读任务，

而阅读任务的关键是具备情境性与挑战性，情境性可以让学生"卷入"其中，挑战性可以让学生"深入"其中，而这两方面缺一不可。

当大部分课堂上的教学材料已经被学生熟知，换句话说，当学生在反复地进行应试训练时，哈蒂认为，"我们很难促进学生的参与和投入……我们需要更好的成功指标、更具挑战性的材料、更高的期望以及更有效的方法，指导学生在学校中取得成功，而不是仅仅帮助学生避免不能毕业所带来的不利后果"。整本书阅读的材料大部分对于学生而言恰恰是陌生情境且具备挑战性的，并且有着大量的思辨话题、内容与艺术手法等。

创设思辨阅读的任务情境，可以促使学生一边阅读、一边思考。深度学习强调理解并将理解运用于具体情境中，以此过程来促进学生批判性、创造性能力的发展。思维是认知的核心，所以在素养形成的过程中思维培育是关键。从低阶思维训练向高阶思维培育转变，问题解决往往是最自然、复杂、有意义于学习的思维活动。首先，教师在激发学生的学习动机时，应基于起点问题引导学生深度参与；其次，在研究问题时，教师要搭建合理的"脚手架"，引导学生分析问题并进行深度思考；最后，基于阅读书籍后形成的问题系统，引导学生形成自主解决问题的通路，让学生能够实现转知成智，完成阅读经验的意义建构。

如何让学生接受挑战并及时反馈？这就需要在学生"读过"的基础上，设计有趣味、有意义、有挑战的阅读任务，让学生自始至终都"有文可读""有话可说""有事可做"，这样才能达到"读懂"的层次。教师要善于在问题中找到这本书最大的主题，也就是找到指向整本书阅读中最核心、最有价值的教学内容，从而让阅读从碎片化迈向结构化，从单点式迈向链条式。基于大主题的整本书阅读教学，可以深入触及学生素养培育的全面性，对学生成长的深刻影响性及学生对人类文化理解感悟的渗透性。在阅读过程中，教师不可放任自流，需要全程参与，"对学生的学习作具体指导和示范，要扶上路，助一臂，推一把，陪一程……当然老师的职责是'点火'不是'灌水'"。从情境任务出发，给学生以阅读挑战，这就是为了能够达成

"会阅读"，从而思考真实的阅读问题，这也是阅读的台阶。

阅读的过程是一个比同较异、辩证建构的过程。阅读之后，你会对泰戈尔在《飞鸟集》中的咏叹深以为然："只有经历过地狱般的磨砺，才能练就创造天堂的力量；只有流过血的手指，才能弹出世间的绝响。"

在设计有一定挑战的阅读任务时，"基于学生，发展学生""基于阅读，超越阅读"是核心理念，教师应该在尊重学生天性的同时培养阅读能力，在保护阅读兴趣的同时提高阅读品位。

三、从阅读对话出发，给学生以思辨表达

从任务阅读到思辨读写，需要大胆假设、小心求证，需要援疑质理、逻辑分析，需要理性思考、辩证表达，最终达成认知、逻辑及辩证三者融合，从而促进学生进行意义建构。

整本书的深度阅读，源于对阅读任务的整合与阶梯化，源于对阅读的真实与结构化，源于对表达的思辨与深刻化。李松林认为"整合是深度学习的发生机制"，而整合又具体有三种展开形式：一是实践参与，这是整合性学习的最佳模式；二是大概念，这是学习内容的整合器；三是核心问题，这是学习过程的整合器。

在整本书阅读中，阅读问题的解决，不是阅读时间的机械累加，而是对阅读与思考的整合运用，并以一种心理过程图式为标志。"当一个阅读者开始将一个故事与自己的生活联系起来，这个故事就轻轻松松地变得更富意义。"阅读可视化的核心是思维可视化，思维导图和思辨读写是不错的选择，特别是思辨读写，能够将阅读内在的思维运行及思考深度呈现出来。

日本教育学者佐藤学认为学习有三个条件：一是符合学科本质的学习；二是相互倾听的关系；三是冲刺挑战性课题。在阅读《海底两万里》之后，笔者从叙事视角、叙事结构、叙述艺术等方面要求学生变换视角来开展思辨读写：以捕鲸人尼德·兰为第一人称叙述故事；阿龙纳斯在三个不同的时段写三封书信给他的朋友，介绍尼摩船长，他会选哪三个阶段，又会怎么写；

读完本书，你最深的感悟又是什么？后来，又聚焦"研读小说中人物的多元性格""研读不可或缺的配角""研读科幻小说中的人文味"三个大主题进行深入研究与探讨，让学生去深度思考与再度阅读，学生有很多惊喜的发现。有学生写道："尼摩船长对当时的世界极其厌恶，所以建造了'鹦鹉螺'号，创造了属于他自己的独一无二的海底世界，这就是他心中的'伊甸园'，也是他心中的'桃花源'。"

未来的读写教育应该培养学生深入、广泛和批判性阅读的能力，使学生可以清晰有效地进行口头和书面的交流，并且能够带着关怀、同理心和良好的判断力来倾听。如何让整本书与学生之间建立生命的关联，让阅读成为播撒在学生一生中生命的种子？顾之川认为："整本书阅读应把精读、略读与浏览结合起来，精读重在示范，略读重在博览，浏览略观大意即可，三者相辅相成，不宜偏于一隅。"在多年的实践中，整本书阅读从前期的"生态阅读""深度阅读"等理念再到"任务阅读""思辨读写"的具体实践，从阅读意识的培养再到阅读习惯的形成、阅读创意的探索、阅读兴趣的呵护、思辨阅读的展开及思辨读写课程的建设……工作室都留下了一系列真实而曲折的探索印记。让学生积极参与整本书阅读，重视学生对整本书的深度理解，注重学生对整本书所学内容的迁移应用，这样才能真正影响孩子的一生。

参考文献：

[1] 叶圣陶.叶圣陶集第13卷 [M].南京：江苏教育出版社，1992.

[2] 教育部.义务教育语文课程标准（2022年版）[M].北京：北京师范大学出版社，2022.

[3] 叶圣陶.叶圣陶语文教育论集 [M].北京：教育科学出版社，1980.

[4] 王继坤.现代阅读学教程 [M].青岛：青岛海洋大学出版社，1999.

[5] 杨赢.阅读——朝向永恒的不巧跋涉 [N].中国教师报，2021-12-29（9）.

[6] 郑钢.逆向设计：从"知识教学"走向"素养教学" [N].中国教

师报，2020-9-23（4）.

［7］哈蒂.可见的学习：对800多项关于学业成就的元分析的综合报告［M］.彭正梅，邓莉，高原，等，译.北京：教育科学出版社，2015.

［8］张浩，吴秀娟.深度学习的内涵及认知理论基础探析［J］.中国电化教育，2012（10）：7-11，21.

［9］钟启泉.解码教育［M］.上海：华东师范大学出版社，2020.

［10］吴泓.专题百问：教学实施中的行与思［M］.北京：北京师范大学出版社，2015.

［11］李松林.走向整合的深度学习［N］.中国教师报，2020-1-22（4）.

［12］吉尔.阅读力：文学作品的阅读策略［M］.岳坤，译.南宁：拉力出版社，2017.

［13］丛智芳.深度学习设计的儿童视角［N］.中国教师报，2021-3-10（4）.

［14］联合国教科文组织.一起重新构想我们的未来：为教育打造新的社会契约［M］.北京：教育科学出版社，2022.

［15］顾之川.中国语文百年视野下的中学阅读教学：下［J］.中学语文教学参考（中旬），2022（5）：3-7.

（本文发表于《教育科学论坛》2023年第9期）

课程观：生态化整本书阅读课程实施路径

成都棠湖外国语学校　刘勇

成都双流棠湖中学实验学校　黄明丽

整本书阅读的研究逐渐迈向深水区，亟须建构"生态化"的课程体系，从而达成整本书阅读的战略意图。

构建整本书"生态化阅读课程"体系，可以从课程"生态观"、教师"生态位"、阅读"生态量"和评价"生态质"着手。"基于学生，发展学生""基于阅读，超越阅读"是其核心理念，在尊重学生天性的同时培养其阅读能力，在呵护阅读兴趣的同时提高阅读品位，从而形成整本书的"生态化阅读课程"实施路径。

　　学习力的核心是阅读力，培养阅读习惯与阅读能力，是学校的重要使命。在整本书阅读教学迈向"深水区"的同时，也出现了不少争论：阅读重兴趣还是重引导，教师是"多为"还是"少为"？当研究过热时，我们需要冷静思考；当观点过多时，我们需要理性思辨。

　　阅读本身具有个性化特点，但在整本书阅读教学过程中，却需要目的性和教育性，否则，它就失去了教育的目标和学习的价值。整本书阅读课程的"生态化"，是基于生态的视角审视阅读，阅读是"生本"更是"生长"的，阅读是"常态"更是"动态"的。整本书阅读既强调阅读的内容与方法要符合学生身心特征，从而形成"生态"的阅读习惯，又强调阅读的目标和评价要适当高于学生的现有水平，让学生不断同化到自己的阅读认知结构里，从而"生态"地提高学生的阅读能力。

一、课程"生态观"：基于学情，和谐发展

　　温儒敏先生指出"阅读：快乐至上"，强调不要给阅读过多的负担与干涉，但是由于应试的压力与功利的追求，很多时候，整本书阅读容易变成"粗略地读"甚至"忽略不读"，完全达不到"专治不读书"的作用。针对这些问题，温儒敏先生又强调，课外阅读"不是放任自流，必须有所指导"，并且应当有一定的挑战。他回忆读《红楼梦》时，"一开始也是'硬着头皮'读，读着读着，就磨出了性子，逐步体会到以前从未接触过的那种细腻真实的风格，感受到其独特的艺术韵味"。

　　生态，原指生物在一定自然环境下生存和发展的状态，常与绿色、和谐、自由、美好等紧密联系。生态学是研究有机体与其周围环境相互关系的学科，所以，生态阅读是面向阅读个体、尊重心理认知、呈现真实和谐、追求美好境界的阅读。道家认为"道法自然"，林语堂认为"顺乎本性即是身在天堂"，笔者认为，构建整本书的"生态化阅读课程"体系，首先需要须树立课程的"生态观"，即基于学生当下的阅读现状，尊重学生的身心规律，统筹阅读的各项任务，从而促进学生的和谐发展与终身发展，其关键词

是"和谐"与"绿色"，和谐指向真实与平衡，绿色强调自然与美好。和谐即不偏不倚，平衡整本书与单篇阅读，平衡当下与未来，平衡兴趣与品质；绿色即本真化育，自然地引领学生阅读、学会阅读和高品质阅读。

第一要形成开卷有益的氛围。即便是消遣性阅读、娱乐性阅读，教师也不要横眉冷对甚至横刀夺爱（有时想想，我们也会偶尔"享受"这样的阅读），让学生有时间和有兴趣养成阅读的习惯，是"愿读"的前提。但这个时候的阅读，可能大都是碎片化的肤浅阅读。那么如何促进学生跃上一个新台阶呢？第二要练成挑战经典的胆识。因为要阅读堪称经典的整本书，总是需要一定的胆识、方法和毅力，怎么办？教师要教给学生阅读整本书的方法与策略，能够陪伴、支持、引领学生阅读经典，并培养学生的意志品质与阅读素养，久而久之，他们才会沉浸和陶醉于整本书的魅力，这是"敢读"的核心。第三是养成自主阅读的习惯，能够比较自觉地挑选经典并阅读经典，能够学会阅读整本书并能整合整本书的内容、人物、情感、线索、视角、语言等因素，这是"会读"的关键，以此来"生态"地引领学生阅读整本书。

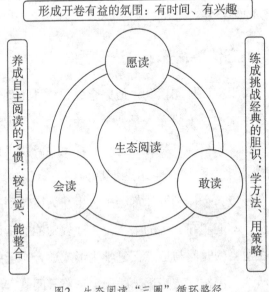

图2　生态阅读"三圈"循环路径

愿读、敢读、会读，不是线性的组合，也不会一直停留在"会读"的顶点，此三者往往会不断地循环，支撑起学生阅读的自然生态。小孩子喜欢绘本阅读，当他们看见色彩绚丽、图画精美的绘本时，会因好奇而随意翻阅；当父母带着他们指着图片和文字讲着故事时，他们渐渐会明白书原来可以这样阅读；由开始的读图到后来的读字，并随着读图、识字能力的不断提升，他们自然就学会了阅读绘本。学会绘本阅读后再去读故事、读杂志、读课文等，又会经历挑战；学会了读长篇小说再去读科普作品或论述类作品等，同样会受到挑战。学生偶尔会懈怠、反复或反弹，都很正常，因为人本身就不是阅读的机器，更何况阅读能力提升也是一个螺旋上升的缓慢过程。

人类的天性就是遵循最省力法则，如果学生在阅读整本书时遇到的困难和挫折越少，就越容易养成阅读的习惯。如何让学生"生态"地读起来？一是改变环境，将图书柜搬进教室，让获取书籍简便易行；二是鼓励阅读，教师随时捧读书籍，更重要的是让先阅读的学生展示分享，同伴的力量会让读书行为相互感染；三是即时奖励，让阅读的喜好与奖励直接挂钩，从而让读书也充满诱惑。简言之，阅读课程的"生态观"，就是基于学生的身心特点，促进学生阅读的终身发展与和谐发展。

二、教师"生态位"：基于方法，适时介入

初中名著阅读属于"课外阅读"，但完全放在课外不负责任，全部纳入课内又不现实；在课堂中，强势介入是"暴力性沟通"，无法教学又是"习得性无助"。怎么办？让教师、学生、读本、环境等各归本位、相互作用，形成一个有机的阅读生态整体，生态学上称为"花盆效应"，一旦离开了"花盆"这个生态环境，个体和群体都会失去生命力。特别是教师，更要确立好自己的生态位，不能剥夺学生的生态位，即教师能够活用自己的读书经验与阅读智慧，在适当的时间与地点促进学生形成适合自己的读书策略，并能够帮助学生灵活地运用精读、略读、跳读、浏览等阅读方法，多角度、多层次地阅读，达成对学生的引领，实现共融共生的阅读关系。其中，训练学

生自主阅读的能力是核心，因为"没有主动的阅读或是毫无要求的阅读，最大的问题就在读者对字句毫不用心，结果自然无法跟作者达成共识了"。

整本书阅读教学，"问题不在于要不要教，而在于能否提供合理有效的课程设计与教学安排"。经过长期的探索，笔者认为至少应当在三个阶段给予学生指导与引领，即前期、中期和后期。教师在阅读前期的"生态位"是"导读"，即通过教师的导引促进学生的阅读，重点是在兴趣、方法和习惯上对学生进行引导和指导。教师在阅读中期的"生态位"是"推进"，即以平等对话者和共同阅读者的身份推进学生不断阅读，帮助学生解决阅读问题，促进学生发现阅读之美与推进深度阅读；教师在阅读后期的"生态位"是"整合"，即以活动、展示、评价、检测等形式促进学生能够有意识、有目的、有方法地去整合阅读内容、阅读方法和阅读智慧等。在这个过程中，会涉及很多阅读方法和阅读策略，其中，国内研究比较有代表性是靳彤关于阅读方法的"松塔"模型：基础性阅读、理解性阅读、检视性阅读、鉴赏性阅读、研究性阅读、批判性阅读；吴欣歆认为训练学生阅读整本书的策略主要有：内容重构、捕捉闪回、对照阅读、跨界阅读、经典重读。这些方法需要教师融会贯通，灵活使用。

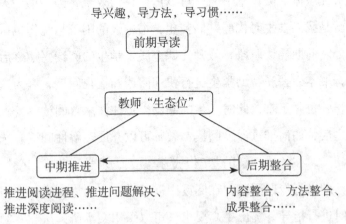

图3　推进生态阅读的教师指导路径

笔者带领工作室团队编写"名著阅读课程化丛书"和"名著整本书导读教学指导"系列丛书时，在这个方面做了许多大胆的尝试与探索。只有关注学生前、中、后期的阅读现状并适时引导，学生才能真正地展开阅读和进行有品质的阅读，如《傅雷家书》的课程规划表。

表1　《傅雷家书》的课程规划表

阅读阶段	阅读任务	方法指导	阅读时间
前期导读	激发阅读兴趣 完成整本阅读 填写"阅读卡"	快速阅读 检视阅读 亲子阅读	第一周到第四周
中期推进	梳理主要内容 选择相应专题 开展研究学习	理解性阅读 选择性阅读 研究性阅读	第五周到第七周
后期整合	整合阅读内容，形成阅读成果 整合研究内容，推进经典重读	小组合作学习 成果展评策略	第八周

《傅雷家书》收录了1954年到1966年傅雷及其夫人写给两个儿子的书信100多封，细细读来，感人至深，无论是修身养性还是工作学习，无论是事业爱情还是艺术文学……都是字字珠玑、句句箴言，同时这本书也是开展亲子阅读的极佳载体。阅读本书时，可以产生移情效果，因为书中人的幸福与成就可能就是我们学生时代的共同梦想，书中人的困苦与忧伤也可能是我们当下的难处。前期导读阶段，教师在课上激发学生的阅读兴趣之后，就应当让学生直奔书本而去，帮助学生进行快速阅读和检视阅读，因为这一封封的书信并不长、也并不难，此时学生的阅读兴趣往往来自阅读本身。在初步阅读完本书之后，如何推进深度阅读？教师可以开展理解性阅读、选择性阅读和研究性阅读，在整体理解的基础上选择做人、求学、艺术、爱情、理财等感兴趣的话题进行专题阅读，在阅读中需要进行内容重构和捕捉闪回等；教师还应及时进行指导并提出更高要求，可以采用文本研读法和专题研读法，即从信中欣赏处、疑惑处、关键处、感悟处等入手开展研究性阅读，如开展"傅雷的教子之道""傅雷的家国情怀""信中的读书之道""信中的求学

方法"等，为后期的展示做好铺垫。在后期整合阶段，主要的内容就是"整合"，读完本书不应当只留下"一封封信"这样的碎片信息，整合阅读信息、整合阅读内容、整合阅读经验、整合阅读成果，这就是后期阅读教学的重点。

如何促进学生能够回家阅读并开展亲子阅读？在居家学习期间，进行"读家书、悟家风、传家训"的主题阅读活动，以教材篇目《诫子书》和必读名著《傅雷家书》为起点，比读《颜氏家训》《曾国藩家书》等经典家书系列，整合央视经典栏目《见字如面》等，形成整本书阅读的"1+X"策略：一本名著+相关书籍，纸质媒介+多种媒体。通过上传"温馨一刻"的家庭共读照片、"角色朗读"的家庭共读音频和提交"阅读对话"的家庭共读感受等活动，促进亲子之间有趣地、有情地、有味地阅读。在大多数家庭亲子关系倍感紧张的当下，通过该主题阅读活动的开展，可以使学生和家长的关系得到缓和与亲密。

尤炜指出："恰当的书目确定之后，指导就是决定的因素。名著阅读教学需要的是宏观的把控、精要的指导、细致的关注和丰富的资源。"阅读《傅雷家书》，以"车，马，邮件都很慢"的心态，沉浸于信中傅雷"刚直如松，傲骨如梅"的赤子情怀，感受傅雷先生真挚的教子之道，可以重回望穿秋水、蹙损春山的那份悠悠期待，重归驿寄梅花、鱼传尺素的那种浓浓诗意，重现见字如面、千里婵娟的那颗皎皎初心，这才是教学本书的阅读生态。

毋庸置疑，"大部头"的阅读更多地需要学生自主阅读，这三个阶段的教学只是为了促进学生在课外更有趣、更有效地阅读。教师的"生态位"，就是基于阅读方法与策略的恰当引进与教师的适时介入等，呈现出师生水乳交融的状态与阅读水到渠成的力量。

三、阅读"生态量"：基于任务，培育习惯

如何理解与实施阅读任务中的"阅读量"，是落实整本书"生态化阅读

课程"的关键。整本书阅读教学的根本目标是指导学生"多读书、好读书、读好书、读整本的书",通过有任务、有方法地进行书册阅读和文本解读,帮助学生掌握阅读方法,形成阅读能力。但读什么、读多少,这是需要认真思考的问题。因此,阅读"生态量"主要包含两大方面:一是阅读量的生态;二是任务量的生态。

这里的"阅读量"既包含阅读的类别,又包括阅读的数量,既要关注"量的多少",也要关注"质的好坏"。小说、散文、诗歌等,是常见的文本类型,但它们都属于文学类文本,还应当阅读论述类文本和实用类文本,文学思维、理性思维、实用思维都是学生不可偏废的培养目标。当然,现实的分类往往更加复杂一些,如书信体名著《傅雷家书》就是广义的实用类散文。大量的研究及事实证明,如果只考虑阅读的数量而不考虑阅读的类别,也会让学生对阅读产生倦怠,并且不利于学生综合素养的提升。"如果能做到激发兴趣、丰富种类、可以选择、富有挑战,则量多也未必是负担"。所以,针对学生个体差异,教师可以对名著阅读进行分类要求和分层推进,如在数量上(教材要求是2本必读和4本选读)可以采取"2+X"的模式,即"2"为所有学生的必读书目,"2+2"为中等水平学生的阅读书目,"2+4"为学有余力和喜欢阅读学生的阅读书目。这个"X"既然是选读,就应当让学生有选择名著和制定目标的权利,可以由教师、家长和学生共同推荐。只有如此,才能更好地尊重学生的阅读个性和家庭的阅读追求,挖掘出学生的阅读潜能。教师在"读起来"的基础上因势利导,正所谓"道而弗牵,强而弗抑,开而弗达",效果自然彰显。

阅读的"任务量"既要考虑科学性,又要考虑可行性。整本书阅读的科学性就是要指向语文学科核心素养,可行性就是要指向师生阅读教学的现状。《寂静的春天》是一本科普著作,其独特的话语表达方式和深刻的生态思想内涵是本书的主要特点,就其言说方式,一是比喻的巧妙与生动,二是反问的有力与深刻,让本书具备很强的可读性与感染性。

如何科学合理地安排阅读任务并培养良好的阅读习惯?就《寂静的春

春》而言，首先，合理推进阅读并给予方法指导。全书共十七章，拟六周完成。前三周每周约完成四章阅读，剩下几周做读后整理和活动呈现。学生快速通读全书时，需要完成以下两件事：一是随手做一些圈点勾画，如可以用"一疑二好三关键"的方法进行勾画，即疑难处、好词佳句、关键语段等。二是每读完一章，停下来思索一下，可按照"一理解二归纳三辨析四感悟"的形式进行回顾：理解作者观点，归纳文本事例，辨析事例与观点之间的联系，梳理"我"的感悟。其次，按照阅读进度完成相应的思考题，测评自己的阅读效果。在第四周时，可以根据自己前几周的阅读经验，回忆每一章的内容，围绕自己感兴趣的专题，选择部分章节进行精读。在第五周时，可以围绕感兴趣的专题，分小组进行阅读、交流。教材中提供的专题，如化学制剂的影响、浅谈文字中的诗意、对当今环境问题的启示、本书对我国农药发展的影响等，都是不错的选择，当然也可以小组讨论自行确定研究专题。在这个过程中，教师要发挥小组的作用，确定专题精读，分享阅读感受，围绕目标重读，分工准备展示等。"阅读闯关"是不错的挑战活动，成功者即可问鼎"阅读达人"的宝座。第六周，为成果展示做准备。围绕要展示的成果，教师可以找一些相关的欣赏文章或材料来让学生读一读，以加深对文本主题的理解和认识，如以DDT（有机氯杀虫剂）为代表的化学制剂带来的影响为主线梳理内容，形式可丰富多样，如文字说明、思维导图、章节概括等。

在这个过程中，教师要学会利用"狄德罗效应"让学生的阅读习惯可以不断叠加，就是充分利用阅读行为的关联性，在已有习惯的基础上把新行为叠加在上面。一开始，教师不要提过多的要求，阅读就是翻开书阅读而已；当学生开始阅读本书后，适时地告诉他们随手勾画与圈点，让阅读留痕；当学生觉得勾画圈点不过瘾时，就教给他们作批注和画思维导图的方法，还可以写读书笔记，或者进行高阶挑战——进行研究性阅读，并试写一篇阅读小论文。简言之，确定适宜的阅读"生态量"，就是基于学情的任务驱动，指向培育良好的阅读习惯。

四、评价"生态质"：基于生长，植根素养

温儒敏先生强调："课外阅读要得到重视，不能停留于一般提倡，光有阅读量的要求也不行，关键还要有相应的评价。"整本书的阅读质量如何评估？要求太高或过于简单，纯粹功利或非功利，都不是正确之道。一言以蔽之，在评价中难易适度，功利与非功利相结合，让学生在阅读中形成具备一定挑战的"心流"状态，即阅读超越你头脑的书仍乐在其中，这就是整本书"生态化阅读课程"实施的终极目标。没有一定的挑战，便不能真正提高学生的阅读能力与阅读水平；无法形成阅读的"心流"，亦不能形成真正的阅读习惯和阅读素养。

整本书阅读的评价内容主要有三个方面：一是从阅读内容入手，考查学生"有没有读"；二是从阅读方法入手，考查学生"会不会读"；三是从阅读能力入手，考查学生"读得怎样"。一般情况下，评价可以分为过程性评价和终结性评价，此两者各有优劣。无论如何，不能促进学生更好地进行自主阅读和自我反思的评价，都是值得怀疑的；如果单纯以试题或成果来衡量，这样的分数也无法衡量阅读的真正价值。基于整本书阅读的"生态"评价，就是要基于学生而又发展学生，基于阅读却又超越阅读。评价的"生态质"强调"评价即学习"的阅读理念，即阅读评价本身就是一种促进阅读的过程，重点观察学生阅读了什么、理解了什么、建构了什么和分享了什么；评价的"生态质"还是基于生长、植根素养的评价，即以过程性评价为主、终结性评价为辅，我们姑且称之为"生长性评价"。

过程性评价应以表现性评价为主，在《可见的学习》"教学因素的效应量"中，表现性评价排名第一，约翰·哈蒂指出："与分散在课堂中的问题相比，课前提问比课后提问的效果更好，延后提问比立即提问效果更好，教师示范提问比没有教师示范的提问效果更好。"

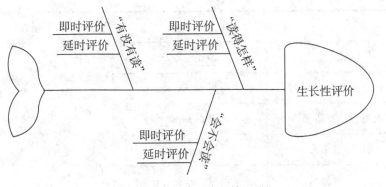

图4　整本书阅读"生长性评价"

在整本书阅读过程中，"即时评价"与"延时评价"恰如一池清水中的并蒂莲花，使用得当，即可相得益彰。即时评价是常见的评价策略，教师对学生的阅读情况及时发现、及时评价，是为了及时反馈、及时激励和及时调整，如观察学生有没有读书、有没有概括、有没有批注等，这些可以概括为"有没有读"，它以即时反馈为主，读书卡是常见的即时评价形式，"书目、章节、内容概括、佳句摘抄、批注思考"等是其基本项目。

所谓延时评价，就是利用期待心理，对学生阅读表现和阅读问题不予以及时的评价，而是把评价的时间适当的向后拖延，给学生留下一定的时间和自由思考的空间，引导学生自己去发现、探究，让学生在完成静心阅读、思考顿悟之后，再给予恰如其分的评价或小结。整本书阅读更需要延时评价：一是因为阅读整本书的长度，学生没有读完自然回答不够完整；二是整本书阅读的难度，需要留更多的时间让不同的学生去阅读、去整合、去消化，它主要运用于"读得怎样"这一个板块之中，"读书报告评价表"是常见的评价路径。除此之外，展示性评价、积分制评价、闯关式评价、差异性评价，都是评价中可以考量的维度。

表2 读书报告评价表

题目：	制作人：	共得（ ）颗☆
主题明确、清晰	可得☆☆☆☆☆	自评：
内容充实、具体	可得☆☆☆☆☆	
有思想、有新意	可得☆☆☆☆☆	互评：
语言富有文采	可得☆☆☆☆☆	
报告自然流畅	可得☆☆☆☆☆	其他意见：

当然，很多时候是既要有及时评价也要有延时评价，如在考查学生"会不会读"时，及时评价是看学生的阅读方法、小组合作、阅读习惯等，延时评价是对阅读质量、阅读效果不轻易下结论，尊重学生的阅读个性。在"会不会读"这一板块，猜读法、发现法、想象法是简便易行的初始阅读法。猜读法，又叫悬测读书法，就是阅读一本书的标题或前文，结合文章的内容、形式等做出预想猜测，将后方的实际内容与写法和猜想做比较的一种阅读方法。发现法，是指在阅读过程中边阅读边思考，从内容、形式方面不断发现精彩之处，见别人所不见，从而获得阅读的满足感、愉悦感。想象法，是指在阅读中对文章描写的事物、画面、情景、意境等进行联想、想象，让读者有身临其境的感受与体验。《骆驼祥子》可以用猜读法，《海底两万里》可以用想象法，《伊索寓言》可以用发现法……不同的名著，可以用不同的阅读方法。

终结性评价常以测试的形式出现，应力避机械的死记硬背和生硬的知识考查，应当考查学生"读了、会读和读懂了"等向度，当下很多文章都在具体探讨，本文不再赘述。仅以小说类为例，借助布卢姆的目标分类体系，用下表来简要表述试题的考查维度及能力层级。

表3 小说阅读试题的考查维度及能力层级

考查维度	识记	理解	分析综合	鉴赏评价	表达应用
书名作者					
情节内容					
人物形象					
小说主旨					
语言特色					

　　构建整本书"生态化阅读课程"，还需要继续思考以下问题：如何分层次启动（教师、学生、家长），如何全方位保障（制度、设施、评价），如何多维度并重（听说、读写、展评），如何有机化推进（兴趣、自主、品质）等。所有这些工作的前提是教师要先进行研究性阅读和教学性阅读，就是常人眼里的"苦功夫"和"笨功夫"：一是把书籍读明白、读透彻，二是研究学生对于这本书起始状态，三是设计并实施阅读整本书的方法和路径。这样才能真正地让整本书阅读充满活力和灵性，并积极建构起"生态化阅读课程"的教学体系。

　　对于人生而言，阅读是自然美好、生生不息的动力系统。对于整本书阅读而言，生态的阅读就是通过一次次地阅读、探寻、发现、重构……不断培养学生阅读的激情，提升学生阅读的品质，正如美国著名教师雷夫·艾斯奎斯所说的"我们最终必须用孩子们在发自内心阅读时发出多少笑声和留下多少泪水来衡量他们的阅读能力"。整本书"生态化阅读课程"，就是在教学中引导学生自然阅读和自主阅读，不刻意去追求阅读训练和成果展示，在学生阅读的最佳时机，以适宜的阅读引领促进学生阅读心智进行改变。尊重学生的认知需求与阅读感悟，是整本书"生态化阅读课程"的应有之义；尊重阅读素养的培养规律与课程境界，亦是整本书"生态化阅读课程"的应有之义。

参考文献：

［1］温儒敏.温儒敏谈读书［M］.北京：商务印书馆，2019.

［2］范多伦.如何阅读一本书［M］.郝明义，朱衣，译.北京：商务印书馆，2017.

［3］余党绪.走向理性与清明：整本书阅读之思辨读写［M］.上海：上海教育出版社，2019.

［4］靳彤.阅读方法的整体设计与炼制［J］.语文建设，2019（13）：23-29.

［5］吴欣歆.培养真正的阅读者：整本书阅读之理论基础［M］.上海：上海教育出版社，2019.

［6］李煜晖.探索和发现的旅程：整本书阅读之专题教学［M］.上海：上海教育出版社，2019.

［7］温儒敏.温儒敏论语文教育·三集［M］.北京：北京大学出版社，2016.

［8］哈蒂.可见的学习：对800多项关于学业成就的元分析的综合报告［M］.彭正梅，邓莉，高原，等，译.北京：教育科学出版社，2015.

［9］艾斯奎斯.第56号教室的奇迹［M］.卞娜娜，译.北京：中国城市出版社，2009.

（本文发表于《教育科学论坛》2020年第31期，被中国人民大学《复印报刊资料·初中语文教学》全文转载）

教学观：基于阅读问题的"三读"课堂样态

成都棠湖外国语学校　刘勇

一切的教，其出发点与归宿都是为了学。整本书阅读教学，是为了让学生能够阅读整本书。阅读是一种典型的认知加工过程，并通过视觉活动获得信息并处理信息。在阅读场景中，我们提倡"具身阅读"，更希望学生在阅读中能够产生"阅读心流"，身心舒展、人格独立，自由呼吸、自由思想，对话自己、对话世界。"学为主体、疑为主线、思为主轴"的问题化学习，可以促进学生的自主阅读真正落地。

整本书阅读的关键是师生共读、共思、共同对话，其前提是在阅读中思考问题，在对话中展开表达。基于阅读问题的"三读"课堂样态：①自主阅读。提出问题，深度参与。②思辨阅读。研究问题，深度思考。③创意阅读。解决问题，深度表达。"三读"课堂其实就是"三阅"建模，即在自主阅读中阅文（真实阅读），在思辨阅读中阅事（真实任务），在创意阅读中阅人（真实表达），可以培养"有理想、有本领、有担当"的时代新人，也是实现深度阅读的路径，即为学习、为语文和为生命，并指向有效的课堂、能力的课堂和素养的课堂。

语文课堂的魅力在于教学资源的丰厚性与教学效果的生成性。李海林认为，"语文教学的内容并不是预先形成并客观呈现于师生面前的，恰好相反，语文教学的内容是必须由教学双方在教学实践中切实地生成出来的；语文教学的过程也就是一个语文教学内容的生成并完成的过程"。当下，趣味不足、干货不够、思维不强、实效不明的课堂，屡见不鲜，在很大程度上，是对于学情的漠视和对生成的替代。教学只有基于学情、重构教材，活用资源、重视生成，才能达成课堂的效益与品质，整本书的阅读教学尤其如此。

《义务教育语文课程标准（2022年版）》提出培养"有理想、有本领、有担当"的时代新人要求。要求如何落地？"学校课程的设置，通常根据三种价值：一种是实用价值，一种是训练价值，还有一种是文化价值。"但很多时候，学生被当作"学习机器"或"考试机器"，语文阅读被异化为应试套路。毫无疑问，重构课堂是培育学生学科核心素养的关键路径，让一节一节的课堂学习组成"看得见、够得着和学得好"的螺旋上升阶梯。

"学为主体、疑为主线、思为主轴"的问题化学习，可以促进学生的自主阅读真正落地；学习问题的刺激与冲击，可以增加学生学习动机的深度。"问题是学习的起点，是思考的源泉，是生成的种子。"经研究发现，"问题化学习"亦是促进学生深度学习的基本模式，它可以凸显学习的自主性、沉浸性、反思性和建构性，呈现出个体置身学习的美好生命状态。问题的情境创设、冲突的分层递进、引领的晋级策略，是教师必须考量的教学路径。在问题的发现、建构、解决、反思中，进行启发式、互动式、探究式教学，培养学生的好奇心和发现力，可以促进学生深度参与、深度思考和深度建构。

笔者提倡以问为核心的"三读"课堂样态：①自主阅读。提出问题，深度参与。②思辨阅读。研究问题，深度思考。③创意阅读。解决问题，深度表达。"三读"教学课堂其实就是阅读的"三阅"建模，在自主阅读中阅文，在思辨阅读中阅事，在创意阅读中阅人，亦为学习、为语文和为生命，并指向有效的课堂、能力的课堂和素养的课堂。当然，这样分类并不科学，其只是为了研究的侧重而进行的大致切分，在很多时候三者需要融会贯通。

在这个过程中，笔者强调"三问"：提出问题、研究问题、解决问题，更强调"三问"是为了"三学"：学会阅读、学会思考和学会运用。

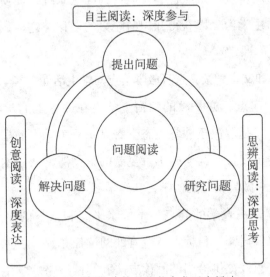

图5　以"问"为核心的整本书深度阅读

一、自主阅读：基于学情，从问题开始

如何阅读一篇文章或一本书？要脚下有路，首先从学生出发，创设适宜的阅读路径，基于真实问题选择不同的阅读方法，这一环节的重点是为了让学生学会阅读。

著名数学家丘成桐认为，"创新的基础在质疑问难。假如学生对于见到的事物、阅读过的书籍、文章都没有兴趣，不愿意去发掘问题、找寻其中真意的话，这些学生不大可能有创意的成果"。在教学中，教师一是要突出问题意识，将学生阅读后的真实问题作为教学的起点，从而提高学习的真实性；二是要突出重点问题，将学生的初始问题（学情视角）与教师的备课问题（学科视角）整合起来，聚焦重难点问题，从而提高学习的针对性；三是要突出逻辑追问，以问题链和问题串引导教学，激活学生的思维，从而提高学习的有效性。

在比较复杂的问题情境中，基于教、学、评三位一体的理念，需要以学生提出的问题为生长点，以教师设计的问题为引领点，融合学科的核心素养目标，生成具有结构性、层次性和发展性的问题系统，促使学生在解决问题的过程中实现自主学习，以获得知识与能力的迁移与建构，从而指向真实阅读，成就"有效的课堂"。

1. 学情预估和文本解读：选择教学落点与学生活动

学，是教的起点，亦是教的归宿。学生在课堂上的学习效率，一是取决于学习内容，二是取决于课堂生态。看见每一个学生的学习，是教师的基本追求。从学情出发设计与实施不可复制的语文课，从根本上解决"一看就懂、一听就会、一做就错"的假学习和浅学习。

整本书阅读，在教学的起点（学情水平）和教学的终点（目标水平）之间，教师需要根据阅读目标设定合宜的阅读任务，并根据学生在自主预习后提出的具体问题，提供恰当的阅读方法和阅读策略。学生则需要在教师的带领下学习阅读方法，养成阅读习惯。教师要在学生"阅读起点"的基础上开展教学，以达到课堂教学的"阅读目标"。换句话说，就是教师在学生已知、已会、已能的基础上，根据教学目标教给学生未知、不会或困惑的地方，通过适时引导、点拨和示范，通过将教学目标分解成若干"教学落点"，从而将学生"教懂、教会、教深刻"。通俗地说，教师要解读学生视而不见、思而不得或启而不发、困而不解之处。在阅读中，教师要设计和落实"学生活动"，即为完成"教学落点"而展开的阅读活动，让学生参与其中，获得体验、理解和建构。一般情况下，教学目标通过教学任务（教学落点）驱动，教学任务通过搭建教学支架并在"学生活动"中得以完成，即用一个个的教学"活动"来推动并达成阅读教学目标。

在整本书阅读教学中，教师不能采取"放羊式"和"灌输式"教学，要善于用语文的方式展开，可以创设丰富的语言实践活动。王云峰认为，"用语言交流、用语言思考、用语言做事、用语言获得文化、用语言审美"。阅读教学，就是要基于语言来设计学习的活动，让学生喜欢这一篇篇课文或一本本书册，开启对阅读的热爱和探寻之旅。

2. 质疑问难和点拨归纳：促进师生对话与课堂生成

学生阅读的过程，就是一个不断思考、不断探寻的过程。叶圣陶先生认为学习要以学生为主，但不能排斥，更不能否定"教"的作用。他非常明确地指出："教学当然需要教，问题是需要'久旱逢甘雨'式的教，需要使自己'蓬蓬勃勃地滋长'的教。"在学生质疑问难的基础上，教师的点拨归纳要用基于问题学习的"教"来唤醒他们、启迪他们、成长他们，通过阅读方法的运用、阅读表达的提升和阅读习惯的培养等，提高学生在阅读过程中的关键能力。

"教"强调的是"授人以渔"，"扶"着学生，帮助他们学得阅读方法，获得阅读体验。除此之外，教师还需要把握提问的时机，正如约翰·哈蒂强调的"课前提问和课后提问的效果更好，延后提问比立即提问效果更好，教师示范提问比没有教师示范的提问效果更好"。

二、思辨阅读：基于对话，从任务开始

如何培养阅读能力？教师要手中有法，首先从阅读任务出发，让学生能够沉浸式体验阅读，基于多重对话培养阅读思维，这一环节的重点是为了让学生学会自主思考。

美国学者Ference Marton和Roger Saljo在对学生的学习过程进行实验研究的基础上，提出了"深度学习"的概念。"深度学习"是指学生以高阶思维发展和实际问题解决为目标，整合知识，主动地、批判地学习新知识和新思想，并将其融入原有的认知结构中，且能将已有的知识迁移到新的情境中的一种学习方式。深度阅读，需在教师的专业引导下促进学生阅读的自主与自觉。要"愿阅读"才能"真阅读"，"会阅读"才能"深阅读"，即要让学生在阅读任务中进行体验与思考，在阅读实践中培养能力与素养，这就是"阅事"的追求。

整本书阅读，虽然属于"课外阅读"，但不能完全放在课外，这是教师

的不负责任。叶圣陶说："教科书好比一张旅行的路程单，你要熟识那些地方，必须亲自到那些地方去旅行，不能够单单记住一张路程单。"学生经过阅读之后，提出高质量的问题，通过问题的分析和解决以达成对文本的深度"旅行"。主题式生发、任务链驱动、多维度对话，都是课堂上培养学生思维的较好支架。在"阅事"的过程中，教师要以任务或活动为经线，以对话和生成为纬线，从而指向学习历程，成就"能力的课堂"。

1. 悦读与阅读：促进学生与文本的真实对话

深度学习倡导对知识进行深度的加工理解，掌握内在含义，并在学生主动构建的基础上迁移应用到真实情境中以解决实际问题。提供真实情境与学习任务，让学习与"做事"相关，这样才能促进学生进行真实的学习。

阅读教学，如何让学生在阅读中理解与体验？教师要设计灵活而充分的阅读活动，让学生开始"卷入"式阅读和学习。阅读以"读"为核心：悦读与阅读，就是在激发阅读兴趣的基础上形成并保持阅读的行为与习惯。在课堂上，师生一起亲近文本、进入文本，从而对话文本、理解文本，并学会运用与表达。我们要将"读"进行到底：不读无以明其言，不读无以晓其意，不读无以通其理，不读无以悟其情。

甲骨文"悦"，本义是"对话相投机而开心、喜乐"。在阅读教学中，"悦读"的关键是要努力构建体验式阅读课堂，阅读的要义在于体验而不在于讲解，要让学生在阅读中与文本对话、与作者对话、与自己对话，鼓励学生体验和参与阅读，通过师生共读以促进真正意义上的"悦读"，在轻松活跃的氛围中进行阅读理解。在阅读中，有了阅读自由才能"悦"，有了情感共鸣才能"悦"，有了思想生长才能"悦"。事实证明，培养学生阅读的内驱力和良好的阅读情绪，能激发多重阅读动机。所以，师生在阅读对话时不要太功利化，要以培养兴趣、提升性情为前提。美国教育家吉姆·特利里斯指出，"如果你能引导学生迷上读书，那么你所影响的不仅是自己学生的未来，而且是下一代学生的未来"。

2.品读与悟读：促进学生与文本的深度对话

有人认为阅读如蚕，虽慢却从不停息，自然可吐出最美的蚕丝。在阅读教学中，教师一是要相信学生的力量，"相信"是一种人格力量和不竭源泉，教师要学会做一个耐心的倾听者；还要相信阅读能带给学生极大的效能，远离封闭呆板的"填鸭式教学"，就能激发学生走进文本，亲近阅读。二是要披文入情，咀嚼涵泳，应避免课堂节奏"一路匆匆"，学生阅读"浮光掠影"，要让课堂成为学生与语言文字亲密接触的课堂：或动情诵读，静心默读；或圈点批注，咬文嚼字；或比较还原，细读想象；或课间午后，自由阅读……，如此对话，方能促进阅读理解。

阅读教学充满了无限的挑战性，尤其是整本书的阅读，由于其丰富性、厚重性、深刻性、文化性等方面都远远高出单篇文章，教师要充分预设学生阅读中的各种可能性。即便如此，由于学生的多样性和无穷的想象力，教师无法穷尽学生的问题，要能促使学生自主性、批判性阅读，更要促进学生开展多重对话，甚至与自我的对话，这样才能使学生成为"他自己"。在教学中，教师要让学生能够真正地从阅读中产生问题，在对话中聚焦主题，在过程中完成探究。否则，教师直接给阅读答案，学生就会盲目接收，从而失去想象力，失去自我。整本书的阅读，更是学生的一个发现之旅和自我建构之旅。

三、创意阅读：基于建构，从情境开始

如何培养一个合格的阅读者？教师要目中有人，首先从自主建构出发，让学生同化和顺应，基于阅读情境教授阅读表达，这一环节的重点是为了让学生学会运用。

文本（书册）是智慧的结晶，学生是鲜活的个体，教师如何搭建学生与作者的通道，让文本（书册）成为学生自主建构的学习资源？让课堂上的每一个"我"都进入"第一现场"，都是阅读的"主人"。在阅读场景中，笔者提倡"具身阅读"，更希望学生在阅读中能够产生"阅读心流"，身心舒

展、人格独立，自由呼吸、自由思想，对话自己、对话世界，这是阅读的价值诉求。只有提高了阅读情境的参与性与主动性，才能避免"虚假阅读"和"游离学习"状态的发生。教师在评价时，一是要将观察聚焦于学生的阅读状态和阅读情绪，看他是否积极投入和自主阅读；二是要注重学生的阅读习惯，看他有没有好的方法和习惯；三是要注重阅读过程中的人际关系，看他是否能够在合作与探究的过程中，正确地与他人交往。

让学生在求知的过程中以自己的生活经验和生命活力去想象、品味、反刍蕴含于知识中的真的火种、善的讯息、美的体能，以培养学生对幸福生活的敏感性和创造性。加强课堂教学内容与学生生活经验的联系，生成情境化的问题与开放性的任务，能够使学生产生学习与探究的兴趣，在对话中展开阅读、体验、理解、探究、运用、表达等实在的学习行为，从而进行意义建构。整个教学过程，以培养学生的学科素养和关键能力为目标，以增强学生的学习获得感和幸福感为追求。在"阅人"的过程中，教师要以建构为内核，以情境为外壳，从而指向人的生命成长，成就"素养的课堂"。

1. 等待和希望：促进学生从"虚假学习"向"真实学习"转化

教学的本质是心灵的解放，在于唤醒学生的生命，迸发学生的情感，激活学生的思维。教师絮絮叨叨地讲解会干扰学生阅读的流畅，试题机械死板地训练会破坏阅读的美感，模式化的解读也会消解学生个性化的体验和思考。特别是在分数至上的应试教育模式下，教师"妄为"很容易让教师的"教"替代学生的"学"，让阅读流于形式，让学习变成"假学习"。由于整本书阅读卷帙浩繁、形象多样、情节延宕、情感丰沛、思想厚重……要让学生真正地阅读与思考，并在此基础上形成自己的表达与作品，就更需要等待。不要一来就是读后感，就是手抄报，就是试题训练，这样势必会败坏学生的阅读胃口。

教师"不妄为"，能够容忍学生在犯错中慢慢纠正，能够等待学生在合作学习中慢慢生长。教师要充分地信任学生，尊重他们内在的自然秩序，促进他们真实的发展。教育不是外在的灌输，而是内在的成长。大仲马在《基督山伯爵》结尾感叹道："人类的全部智慧都包含在这两个词中：'等待'和'希望'。"

2. 启发与建构：促进学生从"他主阅读"向"自主阅读"转化

孔子曰："不愤不启，不悱不发，举一隅不以三隅反，则不复也。"也就是说，如果学生在学习过程中未能达到"愤""悱"的心理状态，教师则不宜越俎代庖。所以，教育要有学术情怀，要学会尊重常识：学习是学生自己的事情，别人无可替代，也不能急功近利，教师要引领学生进行自主建构。教师还要守住底线，"不妄为"：尊重学生的认知经验和学习规律，发挥学生的主体性和能动性，杜绝被学习、假学习的可悲后果。

学习就是要让学生进行持续地自主建构，并最终形成自己的知识结构和学习方法。笔者认为，阅读不要太功利，要真正地站在学生的立场上，巧妙地实现瑞士心理学家皮亚杰在发生认识论中所强调的"图式改变"，德国哲学家伽达默尔的多重视域融合，美国教育家杜威强调的以儿童发展为中心的"经验改造"，促进学生进行"意义构建"和认知提升，从而激活学生的阅读兴趣，培养良好的阅读习惯，提高关键的阅读能力和培养纯正的阅读品位。

阅读理解就是通过不断循环的视域融合而形成的意义重构。整本书的阅读对于初中生而言，是有极大难度与挑战的。正如孙绍振所言，"阅读就是读者主体、文本主体和作者主体由浅到深的同化和调节"。英国教育家怀特海说："最有效的发展是自我发展。"当下提高教育质量的核心应当是由"他主学习"向"自主学习"转化，在整本书的阅读过程中，只有实现了真正的"自主阅读"，学生乐于阅读、主动建构时，才能真正实现"减负"，也才能通过整本书阅读达成培养"有理想、有本领、有担当"时代新人的教育战略。

参考文献：

[1] 王荣生，等.语文教学内容重构 [M].上海：上海教育出版社，2007.

［2］叶圣陶，中国教育科学研究院.叶圣陶语文教育论集［M］.北京：教育科学出版社，2015.

［3］刘勇.促进学生"自主学习"的课堂教学策略［J］.基础教育参考，2018（9）：40-42.

［4］刘勇.探索"教学评一致性"有效落地的路径分析［J］.中小学课堂教学研究，2020（3）：3-7.

［5］丘成桐.创新的基础在质疑问难［J］.中国教育学刊，2021（4）：7.

［6］王云峰.试析语文学科核心素养［J］.语文建设，2018（2）：4-8.

［7］王本华.统编初中语文教材的阅读设计与教学实践［J］.语文建设，2018（6）：4-10.

［8］哈蒂.可见的学习：对800多项关于学业成就的元分析的综合报告［M］.彭正梅，邓莉，高原，等，译.北京：教育科学出版社，2015.

［9］何玲，黎加厚.促进学生深度学习［J］.现代教学，2005（5）：29-30.

［10］叶圣陶.读教科书不是最后目的［M］//叶圣陶.叶圣陶集：第12卷.南京：江苏教育出版社，2004.

［11］朱文辉，靳玉乐.教学功利化剖析与出路探讨［J］.中国教育学刊，2015（12）：1-5.

［12］钱理群，孙绍振，王富仁.解读语文［M］.福州：福建人民出版社，2010.

（本文发表于《语文报·初中教研版》2022年第12期，有删改）

第二章
整本书阅读教学策略

深度阅读本书需要归本与求真，最核心的是回归学生的自主阅读与独立阅读。佐藤正夫在《教学论原理》中指出："唯有当学生成为自我活动的主体时，真正的学习过程才能形成。"研究表明，只停留在文本表层结构的阅读是浅阅读，只有深入文本深层结构的阅读才是深阅读，而只有学生真正实现自主阅读与独立阅读，才有可能深入文本的深层结构。

本章为"整本书阅读教学策"，分为方法性策略、过程性策略及评价性策略。深度阅读整本书，有以下几个特点：强调内容整合，促进意义建构；注重理解批判，发展高阶思维；内化迁移运用，着重素养培育。阅读的效果取决于学生的阅读时间、努力程度和阅读技巧。时间是硬性指标，努力程度和阅读技巧可训练及引导，在合理安排的阅读教学中训练学生恰当的阅读技能，并采用恰切的阅读评价，即可培养学生的"阅读情商"与"阅读智商"。

阅读之"术"：方法性策略

在整本书阅读教学过程中，为何读是"道"，怎么读是"术"，在过程中训练是"用"，读得怎样是"器"。在深度阅读中，学生要具备生成性与运用性特征，教师要处理好结构化与自主性的关系，阅读文本要符合经典性与全面性要求，阅读环境要营造情境性与体验性氛围。教师要有科学有效的方法，从而解决整本书深度阅读的问题。

本文分为关键方法、核心策略及习惯培养三部分。如何定位深度阅读？有一些关键词可以帮助我们：大主题、生态化、可视化、习惯性、思辨性。如何深度阅读？在真读、真悟、真体会中，深度关联、整合、思辨、表达。实现深度阅读需师生开展创新实践，具体包括以下三个方面：一是改变阅读观念，引导学生自主规划；二是寻找阅读路径，指向诠释理解；三是关注有效构建，立足高阶思维。

关键方法：整本书深度阅读的几个要素

成都棠湖外国语学校　刘勇

"生命以负熵为生"，这是诺贝尔物理学奖得主薛定谔的名言。生命的意义在于获取负熵，对抗熵增。读书能使我们重新摄取能量，并引领我们向不朽跋涉。在整本书深度阅读的过程中，教师可以通过以下一组关键词进行调适与优化。

大主题

大主题，是与整本书阅读教学相匹配的，也是与大概念、大任务、大情境相对应的。大主题与文学主题相似，可指"在文学作品中反复出现的人类的基本行为、精神现象"等，如死亡、成长、野心、爱情、冒险、堕落……

基于大主题的名著阅读教学是兼具难度最大和收益最大两"最"特征的阅读教学。难度最大在目前学界还没有现成的模式可供借鉴，而收益最大则在于一旦走上正道必能修成正果——可以深入触及学生素养培育的全面性，实现对学生终身成长影响的深刻性，及至达成学生对人类文化理解感悟的深透性。

生态化

构建"生态化阅读课程"体系，是实现基于大主题的整本书阅读的关键条件。整本书阅读的校本课程建设，改变了以前整本书阅读"无读本、无时间、无指导"的散漫状态，但在教学过程中，也存在这些倾向：过于在意形式、注重展示从而忽略了学生真正的阅读；过于在意应试、注重检测从而忽略了学生阅读能力的培养。由此可见，在整本书的阅读中，我们要处理好兴趣培养与阅读能力提高的关系，还要处理好教师指导及自主阅读的关系。

尼尔·盖曼说："未来取决于图书馆、阅读和白日梦。"教师、家长在阅读中要发挥作用，大概是道家的"烹小鲜"，不要太多折腾。所谓生态化，即在整本书阅读的过程中，既要确保各相关要素之间的和谐，以达成统整、共生的阅读宗旨，又要通过绿色的实施路径，以达成阅读素养的自然提高与动态生长。构建整本书"生态化阅读课程"体系，可以从阅读理念、阅读目标、阅读通道及阅读评价着手，从生态情境、生态过程、生态展评三个维度重点着力。"基于学生，发展学生""基于阅读，超越阅读"是其核心理念，在尊重学生天性的同时培养阅读能力，在保护学生阅读兴趣的同时提高其阅读品位。

可视化

我们要给学生以更多、更丰富的课堂话语，除了外部话语，还要注重内部话语（思维）的培育。可视化的核心是思维可视化，可以适当引入可视化工具，将阅读内在的思维运行以可视化的形态呈现，从而让学生的阅读素养获得持续性的有效提升。

阅读可视化，需要进行结构性的思维加工和形象化的工具呈现：一是让阅读方法可视，如捕捉闪回、内容重构、对照阅读与跨界阅读等；二是让阅读过程可视，如读书卡的制作与使用；三是让阅读思维可视，思维导图是很不错的可视化工具。在教学实践中，我们形成了以下策略：以"图"会书，唤醒阅读思维点；以文入"图"，创设阅读思维链；文"图"创生，生成阅读思维场。

挑战性

没有挑战的学习与阅读，其意义及价值值得怀疑。朱自清曾指出："一般人的阅读大概都是只观大意，并且往往随读随忘；虽然快得惊人，却是毫无用处。随读随忘不但不能帮助写作，恐怕连增进知识和经验的效果也不会有。"

我们该如何学习？日本教育学者佐藤学讲学习有三个条件：一是符合学科本质的学习，二是相互倾听的关系，三是冲刺挑战性课题。该如何深度学习？李松林认为，"整合是深度学习的发生机制"，我们可以开展以下整合：一是实践参与，这是整合性学习的最佳模式；二是大概念，这是学习内容的整合器；三是核心问题，这是学习过程的整合器。对话与反思，是深度阅读的两大支柱。阅读展评和读书会，是深度阅读的挑战策略。近来一项研究表明，教别人和在别人面前展示，可以产生深度学习的效果。赋予每名学生这种权利，驱动阅读对话，建构阅读反思，达成"博观约取"和"明辨笃行"的知行合一阅读观。深度阅读，指向于阅读材料的整体理解及结构化，指向于阅读者的自主、能动与反思性，指向于阅读任务的挑战、迁移与应用。但实施挑战时，要注意三点：从阅读结论走向思维生长，从单一对话走向思维激荡，从浅尝辄止走向深度思维。

习惯性

习惯成自然的整本书阅读才是长期的和可持续的。古罗马哲学家西塞罗认为"习惯能造就第二天性",可见习惯的强大力量。我们基于心理学和脑科学的相关知识,提出教师要在整本书阅读的三个阶段中予以引导:导读阶段提供线索,推进阶段紧扣行为,展评阶段注重奖赏。线索要频繁,是营造仪式感;行为要简易,是确立操作性;奖赏要明确,是强化驱动力。

好的阅读习惯是可以培养的、可以重复的,它能让阅读的开展更流畅,让阅读的动作更娴熟,让阅读的策略更自主。自然地、主动地、持续地阅读,积累词汇、培养语感,扩大视野、获得素养,一本一本地去读,从而丰盈自身的灵魂世界,去洞见气象万千的人类文明。

不拒绝、有兴奋度,不仰视、有参与度,不肤浅、有思考度,这是整本书深度阅读的"三度"。钱理群教授认为,教育就是爱读书的校长和爱读书的老师,带领学生一起读书。他还说,中小学教育需要三条:一是培养学生读书的兴趣;二是教给学生好的读书方法;三是养成学生读书的习惯。做到这三条,学生就会一辈子读书,受益无穷。诚哉斯言。

(本文发表于《教育导报》2022年3月3日)

核心策略：读、思、写，让整本书阅读走向深入

成都棠湖外国语学校 刘勇 昌瑄 高露

朱自清说："一般人的阅读大概都是只观大意，并且往往随读随忘；虽然快得惊人，却是毫无用处。随读随忘不但不能帮助写作，恐怕连增进知识和经验的效果也不会有。"当前，整本书阅读出现的问题大致有四类：一是无动机、无兴趣；二是无时间、无方法；三是无指导、无思考；四是无创意、无深入。它们深深地困惑着整本书阅读教学，特别是阅读时间更是"阅读木桶"的关键短板，如果学生没有充足的阅读时间，即使万事俱备，也无济于事。

叶圣陶说："教师的责任不在把一篇篇的文章装进学生的脑子里去；因为教师不能一辈子跟着学生，把学生所要读的书一部部装进学生脑子里去。教师只要待学生预习之后，给他们纠正，补充，阐发；唯有如此，学生在预习阶段练习了自己读书，在讨论的阶段又得到切磋琢磨的实益，他们阅读书籍的良好习惯才会渐渐养成。"就阅读整本书而言，让学生一是阅读起来，二是思考起来，三是写作起来。学会质疑问难，是深度阅读的逻辑起点；学会思考论证，是深度阅读的关键能力；学会表达观点，是深度阅读的外化成果。

一、明确阅读目标：变形式导读为问题阅读

当前，整本书导读大都在形式上与外围上做文章：一是打造阅读氛围，一

般会从时间、空间、人员三个维度上展开；二是创新阅读样态，甚至进行跨学科和跨媒介阅读；三是开展阅读活动，往往借助阅读节或阅读月来展开。

开卷有益，阅读益处多多。所有的阅读都应深入人心，如果仅仅是为了展示或考试，教师就会将阅读的结论告诉学生，学生"填写"阅读卡，然后反复刷题而已。这种阅读观，不符合阅读书籍的内在逻辑，还会浇灭学生对经典名著的内在渴求，不利于学生的成长。

什么是阅读？通过视线扫描，筛选出关键性语言信息，并结合读者头脑中储存的思想材料，引起连锁性思考，这就是阅读过程。王荣生认为，阅读的学习策略，主要是在阅读后加深记忆与理解阶段，主要包括复述策略、精加工策略和重新组织策略。但是深度学习并不是从传递特定知识内容的教科书开始的，而是从提出问题开始的。在教学中，我们要引导学生提出问题，在深度参与中展开自主阅读；研究问题，在深度体验中达成思辨对话；解决问题，在深度思考中实现创意表达。有时间让学生阅读留痕，有空间让学生提问思考，有平台让学生创意表达，这样才能变形式导读为问题阅读，最终实现从陌生到具体的转化，完成从浅层到深度的跨越。

"问题是学习的起点，是思考的源泉，是生成的种子。"阅读问题的刺激与冲击，可以增强学生阅读动机的深度，促进学生的自主阅读真正落地。情境学习理论认为，脱离真实情境，学习便无意义。提出问题、研究问题、解决问题，都呈现了在阅读中身体参与、思维参与与表达参与的力度与效度。在核心问题的引领下展开阅读，学生需要整合全书内容，还可以在分析与探究中实现学科素养的结构化。

二、生成阅读思维：变阅读打卡为思辨对话

在问题阅读的基础上，如何达成深度阅读？钟启泉认为，所谓深度学习，是指在教师的引领下，学生围绕具有挑战性的学习主题，全身心地积极参与、体验成功、获得发展的有意义的学习过程。大主题、思辨性、可视化，可以实现挑战性主题的创设与实施，更能推动学生从浅层的阅读打卡走

向深度的思辨对话。

《义务教育语文课程标准（2022年版）》开设了六个学习任务群，六个学习任务群间可以互相融通。其中，发展型学习任务群中的"思辨性阅读与表达"与拓展型学习任务群中的"整本书阅读"是亮点。"思辨性阅读与表达"学习任务群强调设计阅读、讨论、探究、演讲、写作等多种学习活动，引导学生学习发现、思考、探究问题的思路和方法，表达要观点鲜明、证据充分、合乎逻辑；"整本书阅读"学习任务群强调设计、组织多样的语文实践活动，如师生共读、同伴共读，朗诵会、故事会、戏剧节，建立读书共同体，交流读书心得，分享阅读经验，引导学生从自身阅读方法、阅读习惯等方面进行自我反思、自我改进等。

基于大主题展开阅读，培育学生的综合素养。大主题与大概念，是与名著阅读教学相匹配的，也是与大逻辑和大视野相对应的。大主题与文学母题相似，可指在文学作品中反复出现的人类的基本行为、精神现象等，如死亡、成长、野心、爱情、冒险、堕落等。基于大主题的名著阅读教学，可以全面、深入地培育学生的综合素养性，深刻影响学生一生的成长，引领学生深度理解、感悟人类文化。

设置思辨性话题，构建文本阅读的认知冲突。布莱希特在《伽利略传》中说："思考是人类最大的乐趣。"与单篇阅读相比，整本书阅读教学，更需要高阶思维的参与。孔子说："不愤不启，不悱不发。"矛盾引起认知冲突，认知冲突可促进思维发展。因此，抓住阅读中的矛盾，设置思辨性话题，建构文本阅读的认知冲突，可引领思维向纵深发展。对此，教师可以整合书中的人物进行思辨与探究。例如，大闹天宫是孙悟空的反抗，落草为寇是武松的反抗，潜入海底是尼摩船长的反抗，离开桑菲尔德是简·爱的反抗……请你结合列举的内容，探究文学作品中男性和女性的反抗有何不同。此类话题往往可以触动学生，让他们产生强烈的思考与阅读的冲动。

关注阅读的可视化，培养学生输出与转化的能力。可视化的核心是思维可视化，思维可视化的核心是培养学生输出与转化的能力。教师可以适当引人可视化工具，将阅读内在的思维运行以可视化的形态呈现其过程及结果，从而让学生的阅读素养获得持续性的有效提升。以"图"会书，唤醒阅读思维点；以文入"图"，创设阅读思维链；文"图"创生，生成阅读思维场。

思维方式的学习是比知识更重要的学习，它可以让阅读深入学生的内心。整本书阅读思维的可视化，通过个性化、形象化的工具呈现出思维的过程，促进学生结构性的思维的生成。在这个过程中，要注意三点：从阅读结论走向思维生长，从单一对话走向思维激荡，从浅尝辄止走向深度思维。

三、培育核心素养：变应试训练为创意表达

在整本书阅读过程中，只有在较高的阅读率的基础上才会有良好的思考度和收获度，其核心特征有三，即高阅读率，高体验性及高认知度。没有兴趣，阅读就是"伪"的；没有方法，阅读就是"隔"的；没有思考，阅读就是"浅"的；没有运用，阅读就是"虚"的。教师通过情境创设、任务驱动、创意表达，可以促进学生实现从知识向素养的转化，从而达成言语理解和言语表达的双重功能、思想和思维的双重高度、欣赏与创造的双重导向、文化内化与外显的双向目标。

知行合一、学用结合，才是整本书阅读的最高境界。以《平凡的世界》为例，如果我们只给学生一个结论：讲述了孙少安、孙少平在面对现实压力和人生抉择时，兄弟俩依旧坚守最初梦想和对爱情执着追求的故事。如果学生大多会认为这又是心灵鸡汤一类的书籍，不读也罢，那么学生就会因此而错过多少启迪人生成长的经典呢？该如何变应试训练为创意表达？

首先，创设乐读、乐思、乐写的系列情境。为什么学生不愿意表达？因为许多名著距现今生活都很久远，没有时代体验、没有共同经历，阅读是很难共情的，更难以抵达思辨对话与创意表达的殿堂。另外，在名著阅读中，教师通常做法是导读之后就放任不管了，或在结束时不是进行名著测评就是布置读后感，这些老生常谈的做法往往激发不了学生的阅读兴趣，反而会因为阅读过程的"无人监管"和结果的"过度作业"压抑并伤害学生的阅读兴

趣。要让阅读走实、走深、走心，这就需要教师激发并维持学生阅读的兴趣，关键的是要创设乐读、乐思、乐写的系列情境，让学生持续深度参与、深度思考和深度表达，让表达更有意义和价值。"当一个阅读者开始将一个故事与自己的生活联系起来，这个故事就轻轻松松地变得更富意义。"又如，阅读《海底两万里》，小说一开篇，连篇累牍地介绍"怪物"。教师可以抓住"怪物"做文章，制作"怪物"档案、通缉令；或是让学生探究一下人们为何要兴师动众地除掉这个"怪物"；或是比较插图与原文差异的"大家来找碴"活动；偏重情节的章节则可布置排演课本剧的活动；等等。专题研究《"海底宅男"尼摩船长——研读小说中人物性格的多元性》，抓住尼摩船长"与人类不相往来"的宅男形象和"勇救采珠人"时的大侠形象，以形象上的矛盾冲突探究人物性格的多样性，并由此延伸开去，进一步探究小说中其他人物的性格多样性。这一系列的阅读任务情境的创设，让学生能够保持读、思、写的兴趣。

其次，提供高质量的写作任务。高质量的写作任务，在于任务之中包含情境，学生乐于参与；任务之中聚焦问题，学生善于思考；任务之中启动表达，学生勇于实践。例如，阅读《骆驼祥子》，教师设计闯关，每个关卡作为每个章节或文中人物的重要节点内容，如祥子"三起三落"，学生闯关到"起"处往前跳跃或获得奖品，在"落"处停滞不前或往后寻找出路。为给学生提供高质量和富有挑战性的任务，我们还可以从整本书阅读迈向群书阅读。心理学家阿德勒有句至理名言："幸福的人用童年治愈一生，不幸的人用一生治愈童年。"在文学作品中，有许多"不幸的人"走出了童年困境，活出精彩人生。请以徐海东、保尔·柯察金、简·爱为例，结合原著内容，谈谈他们带给你怎样的启迪。这样的写作任务，就能驱动学生开展深度阅读。从学生的作品来看，大都呈现出思考的深度和表达的力度，在很多时候，学生作品都能够较自觉地在其表达中展开迁移与运用，让阅读深入到现实世界中去。

最后，以教师的认知建构促进学生的自主建构。深度学习强调理解并能将理解运用于具体情境中，在此过程中促进学生批判性、创造性能力的发展。例如，阅读《朝花夕拾》，教师可以设计"鲁迅成长纪念馆"，阅读《水浒传》可以"戏说水浒人物"，阅读《简·爱》可以开展话剧节展评，阅读《艾青诗选》可以举办大型诵诗会……在这样真实的任务情境中，学生的阅读、思考和表达，都可以被极大地调动起来，通过任务的完成促进学生完成读、思、写，从而达成意义建构。当然，促进学生自主建构的前提是教师要先进行研究性阅读，这不是一般性的阅读，而是常人眼里的"苦功夫"和"笨功夫"：一是把书籍本身读明白；二是研究学生对这本书的阅读状态和起始经验；三是设计并实施阅读整本书的策略、方法和路径。只有教师把这三个问题搞清楚、搞透彻了，才能真正地尊重学生，以学生的阅读为起点，延长教学的半径，扩展阅读教学的"同心圆"。整本书阅读教学看起来是"无序"的，即教学可以是任意起点和任意路径；学生也仿佛是"无拘无束"的，但实则是有序地推进与探究，因为教师的深度备课可以有效地抵达学生当下的任何一个点位，从而真正地保证学生能从真实的对话中发现阅读的意义，体会阅读的价值，感受阅读的兴趣，领悟阅读的方法，生成阅读的素养。

雨果奖、星云奖获得者尼尔·盖曼说："未来取决于图书馆、阅读和白日梦。"基于关键问题、真实情境和实践项目的整本书阅读，是培养学生阅读力、思考力和表达力的核心策略。有时间让学生阅读起来，有空间让学生思考起来，有舞台让学生写作起来，这就是整本书阅读走向深入的必然路径。教师成为"领读者"，学生才能成为"悦读者"，让我们一起读、思、写，实现师生共读与超越。基于整本书深度阅读，就是"基于学生，发展学生""基于阅读，超越阅读"，在尊重学生天性的同时培养阅读能力，在保护学生阅读兴趣的同时提高其阅读品位，在经典输入的同时能够内化输出。

参考文献：

［1］每周推荐.朱自清：讲读是基本［N］.中国教师报，2021-12-01（9）.

［2］叶圣陶.叶圣陶语文教育论集［M］.北京：教育科学出版社，1980.

［3］章熊.思索·探索：章熊语文教育论集［M］.北京：人民教育出版社，2002.

［4］王荣生.阅读策略与阅读方法［J］.中国教育学刊，2020（7）：72-77.

［5］钟启泉.深度学习：课堂转型的标识［J］.全球教育展望，2021，50（1）：14-33.

［6］郭华.深度学习及其意义［J］.课程·教材·教法，2016（11）：25-32.

［7］教育部.义务教育语文课程标准（2022年版）［M］.北京：北京师范大学出版社，2022.

［8］吉尔.阅读力：文学作品的阅读策略［M］.岳坤，译.南宁：接力出版社，2017.

［9］张浩，吴秀娟.深度学习的内涵及认知理论基础探析［J］.中国电化教育，2012（10）：7-11，21.

（本文发表于《中小学课堂教学研究》2023年第1期）

习惯培养：整本书阅读习惯养成的路径分析

成都棠湖外国语学校　刘勇　吴利容　袁榕蔓　曾亚

古罗马哲学家西塞罗认为"习惯能造就第二天性"，可见习惯的强大力量。在学习生活中，习惯若不能成为最好的"仆人"，便有可能成为最坏的"主人"。

从心理学和脑科学出发，一般认为习惯形成需要四步，即提示、渴求、反应、奖赏。提示触发渴求，渴求激发反应，而反应则提供满足渴求的奖赏，并最终与提示相关联。例如，手机铃声响起，它提示你有来电；是谁？有什么事？这就是你的渴求；你拿出手机、接通电话，这就是反应；通过联系后，你完成了通话，获得了信息，这就是奖赏。这四个步骤一起形成了一个神经反馈回路，并最终让你养成自然而然的习惯，由此构成完整的习惯循环。詹姆斯·克利尔根据习惯形成的四个步骤，在《掌控习惯》一书中总结出培养习惯的四大定律：让它显而易见，让它有吸引力，让它简便易行，让它令人愉悦。

在教学中，人们很难找到一套速成法来培养整本书阅读的习惯，因为整本书阅读不同于单篇阅读与碎片阅读，也往往区别于休闲阅读与娱乐阅读。它不仅需要课内的熏染，更需要课外的坚守；不但需要教师的引导，更需要学生的行动。在经过多年的课题探索和课程建设后，笔者认为，在整本书阅读的过程中，教师需要在三个阶段予以引导：导读阶段提供线索，推进阶段紧扣行为，展评阶段注重奖赏。

线索：让提示显而易见，让阅读充满吸引

回归阅读本质，所有的阅读都只能是学生内心的自觉。孩子不怕挑战、不怕探索，就怕无聊、怕闷。老师、家长在阅读中要发挥作用，不要太多折腾，只要提供足够多的线索，让学生能够主动地投入，抑或被动地"卷人"即可。为何喜欢书籍？书籍里藏着蜂蜜，顺着蜂蜜这个线索就能找到书本，这个提示显而易见，这就是一种浸润和感染，也是阅读习惯的培养。

阅读的"线索"从哪儿找？可以分为五类：第一类是时间。第二类是地点。习惯往往是和时间、地点绑定在一起的。每个人早上起床后和晚上睡觉前做什么，基本都是固定的，因为时间和地点给了你足够的线索。我校是寄宿制学校，每周日晚上的第二三节就是名著阅读课，通过课程设置和检查通报等强有力的制度，确保学生在教室里的这个时段只能看名著，初一、初二两年时间下来，效果显著，班班阅读蔚然成风，人人阅读沉浸其中。第三类是情绪状态。有人无聊的时候喜欢看电视，有人压力大的时候喜欢玩手机，教师可以告诉学生"天下第一等好事，即是读书"。提升成绩的最佳路径就是阅读，给心灵减负的最好措施也是阅读，并且最好是整本书阅读。第四类是其他人。整本书阅读主要受三类人群的影响，即身边的人、亲近的人和权威的人，主要有父母、同学和教师。教师要力争成为学生开展整本书阅读的"重要他人"，教师应随时捧读书籍、聊起书籍和享受书籍。第五类是"习惯叠加"。习惯叠加就是刚刚发生的什么事，经常能提醒你该干点什么了，或是上一个习惯直接引起下一个习惯，形成链条式的反应。教师还可以告诉学生，晚上睡觉前看半个小时书的人就是一个优雅的人，读书的时候手中一定要有笔，可以培养良好的阅读意识。

只要学生看得见、摸得着的地方都应有书籍。比如，校园悠闲的书吧、

教师角落的书架、台阶上的阅读名言、墙面上的名人像等，都能让学生随处感受到书香气息。当然最主要的是群体阅读氛围，如读书沙龙、亲子阅读、读书会等，这些阅读线索会潜移默化地激发学生的阅读热情。除此之外，整本书阅读还需要系统的阅读课程来帮助学生提升阅读品质，如开设专题阅读课，待学生阅读后通过展示读后感、手抄报、思维导图、小论文等工具梳理阅读内容，让学生之间相互交流阅读心得，最后根据阅读理解形成自身的阅读智慧。

培养学生良好的阅读习惯，要注意两点：一是读本不能过难，不要让学生感到惧怕；二是要求不能过度，不要让学生觉得厌烦。和学生一起"聊"名著也是降低难度、润物无声地培养学生整本书阅读兴趣与阅读习惯的好办法。"聊"，左为"耳"，需要倾听；右为"卯"，意为连接，表示和对方保持互动和联系。

聊出兴趣。学生常到办公室来，有事没事就喜欢转悠，还喜欢和笔者聊聊。笔者的办公室除了一张办公桌和一张沙发外，最醒目的便是书柜，书柜于他们而言，俨然一个小小的"图书室"，也是他们最感兴趣的了。"老师，你还在看《西游记》？"他们看见笔者阅读的书籍，自然又发话了，不过，这次好像有点"不怀好意"。"哦，老师不能看吗？说说看。""老师，我们都看过几遍了，小学看过，初中又看，还看过电视剧。有什么好看的，你还没有看完吗？"看看，这小家伙，真厉害。"我现在是在进行研究性学习，笔者在研究西游之'最'。""老师，有哪些'最'啊？告诉我们可以吗？"看着他们清澈的眼眸，我得意地慢慢说道："西游之'最'多着呢。你们研究过吗？谁是最美妖精？谁用的兵器是最强兵器？谁是最大吃货？……""老师，我们还要读《西游记》，下次我们再聊。"上课铃声响了，看着他们依依不舍的表情，笔者会心地笑了。

聊出深度。上完《海底两万里》导读课，几个课代表鱼贯而入，进入办公室："老师，又要做手抄报啊？"不情愿溢于言表。"为何不愿意做手抄报呢？"我还是决定先听听再说。"老师，次次都是手抄报，能不能换一种形式。还有，你不知道，好多同学的手抄报都是在网上下载的，抄的！"看着他们说得那样肯定，笔者觉得的确应该改变一下形式了，那泛滥的作者介绍、内容概括、精彩书摘，学生动动键盘即可得，何须阅读？"那你们看看，可以做什么？"笔者问得很真诚，学生永远赋予笔者设计的灵感，给予笔者教学的动力。"什么都不做，让我们认真读书。""可以画一画海底旅行图，还可以写航海日记。""可以像老师一样，写写小论文。"……学生你一言我一语地议论开了，真好！这正是我所期待的。

什么时候聊？课间、自习、上课……时时可聊。什么地点聊？教室、操场、办公室……处处可聊。你聊，我聊，大家一起聊，让名著不再枯燥，阅读不再无聊，展示不再死板。概言之，导读阶段，要让提示显而易见，让阅读充满吸引力。

行为：让反应简便易行，让推进变为活动

今天，你阅读了吗？笔者常常告诉学生，不要担心，当你翻开书的扉页，当你在书页上写下第一个字，当你回顾书中内容进行阅读打卡，你就已经是一个读者了。

请把你的书籍、铅笔、读书卡等放在桌面上，让他们触手可及；如果办不到，请在教师或同伴的提示和帮助下做到。教师需要创造一个良好的读书环境，降低与行为相关的助力。教室里有书橱，学生取书就没有什么障碍；如果教师经常同学生一起看书、聊书，那学生看书就会成为常态；课堂上不断推进，后期给予奖励，学生坚持就不需要克服极大的困难。

开始的时候，还有一些小策略，如三分钟规则，如果你觉得困难，你就只做三分钟即可。晚上睡觉前，你只看三分钟的书；早晨起床后，你只看三分钟的书；下午上课前，你只看三分钟的书。你还可以继续降低难度，只看看目录和只读一页。犹如写作的训练，先每天写一句话，然后写一段话，然

后写两段话……循序渐进、日积月累，是为上策。将阅读整本书的任务分解为极其简单的动作，每天都以同样的方式去做，轻松地从书柜里取出书籍，轻松地在桌面上找到读书卡，轻松地在笔记本上画思维导图，甚至什么都不做，就是看看封面而已，这样的阅读行为可以重复、易于做到，这就是"简便易行"。

在学生"读过"的基础上，教师要设计有趣味、有意义、有挑战的阅读任务，让学生自始至终都"有文可读""有话可说""有事可做"，这样才能达成"读懂"的层次。这个时候的阅读行为可以有：想一想，比一比，写一写。例如，阅读《海底两万里》，读到"海底漫步"的时候，可以停下来想一想，假如置身于这样的海底，闭上眼睛、加上想象，这样可以读得更生动；当你读到这个看似古怪和冷酷的尼摩船长流泪时，勾画下来，与上一次尼摩船长的流泪比一比，还可以与其他人的言行作比较，这样可以读得更立体；阅读第一部分第十四章《黑潮暖流》，你可以将自身的感受写一写，康塞尔一本正经地为海洋鱼儿分类，而尼德·兰油嘴滑舌也在分类，不过一个是科学家分类方式，一个是吃货行家的分类方式，他们的对话犹如鸡同鸭讲，却意外地产生了一种喜剧幽默的效果，既显示了作品的科学严谨性，又充满了小说的生动趣味性，二人是绝妙的相声搭档，捧哏逗哏，分工合理，妙趣横生，连学生都要忍不住会心一笑了！这样可以读得更深刻。吴晗就认为没有单纯的阅读，他指出：读书是学习，摘抄是整理，写作是创造。

在学生展开整本书阅读时，教师需要明确学生的阅读起点，提供可行的阅读路径，搭建有效的阅读支架等。如何让学生喜欢《傅雷家书》并养成其阅读习惯？一是因为学生的年龄特征、心智水平、阅读经验的差异，导致学生阅读本书时需要"选择性阅读"，即可结合书信内容让自己作主选择话题或主题等，进行阅读私人定制。如何切己体察？可以写写书信，请你站在父母的角度给自己写一封信，或请你给20年后的自己写一封信；还可以画一画傅雷在1954—1966年的活动曲线图，感受其难得的赤子情怀；等等。例如，阅读《海底两万里》，教师可以介入叙事学，让学生变换角度，以捕鲸人尼德·兰为第一人称叙述故事；假如阿龙纳斯在三个不同的时段写三封书信给他的朋友，介绍尼摩船长，他会选择哪三个阶段，又会如何写？诸如此类的引导与推进，可以让学生的阅读行为更加专注、更加理性和更加深刻。阅读，要安静下来，还要沉浸进去，如《小王子》里的一句话："看东西只有用心才能看得清楚。重要的东西用眼睛是看不见的。"

温儒敏先生提倡"签订阅读契约"，从而培养学生整本书的阅读习惯。契约，最初是指双方或多方共同协议订立的有关买卖、抵押、租赁等关系的文书，它的外显是可见的、可操作的、可评价的，但它的内在却是对自由平等的尊重和对诚实守信的践行。要形成阅读的契约，得具备两个关键词："自由"和"自律"，即一要有自由的阅读时间和阅读空间，二要有自律的阅读意识和阅读毅力。自由赋予活力，自律规范行为。所有习惯都遵循一个演变的规律，即从前期的刻意练习到后期的行动自如，但前期的刻意练习需要贯注极大的努力与关注，并要经过反复的训练和长期的坚持。在这个过程中，无论阅读资源、阅读环境、阅读任务，都要保证学生开展整本书阅读，能够做到让其反应简便易行，让课堂推进变成学生的阅读活动。

奖赏：让读书予人愉悦，让坚持获得动力

习惯成自然，但有时习惯也会让人变得平庸，教师还得利用奖赏来提升阅读的品质。

笔者曾经让学生制作一个阅读习惯记分卡：好习惯标注"+"，坏习惯标注"–"，中性习惯标注"="。最后形成阅读习惯积分卡等级：绿卡、金卡、黑金卡、钻石卡。当达到黑金卡时，学生可以免一次作业，并获得一本赠书；当达到钻石卡时，可以到笔者的家里吃一顿饭，并随意挑选一个礼物。

表1　阅读习惯记分卡

项目	类别	记分	项目	类别	记分
▲坐下来	=		▲勾画	+	
▲翻阅目录	+		▲伸腰	=	
▲查看手机短信	−		▲批注阅读心得	+	
▲上卫生间	=		▲做眼操	=	
▲喝水	=		▲朗读	+	
▲望向窗外	−		▲想打游戏	−	
▲回顾阅读内容	+		▲画思维图	+	
……			……		

　　如何让坚持获得动力？一句话，就是永远不要出现读书让人厌烦的现象。有一种时间管理工具，叫作番茄工作法。番茄工作法每次只要求我们专注工作25分钟，25分钟之后必须休息5分钟。你可能会觉得，"开玩笑，小学生一次课还40分钟，为何连续阅读25分钟后要休息5分钟？"实践证明，越是这么想的人，越是无法进入深度工作，因为少了那个5分钟带来的近在眼前的奖赏和激励。别小看这5分钟，它可以让你拥有一个期待感，知道再坚持一会儿，你就可以在规则范围内，正大光明地分分心，开开小差，做点别的事情。不然，内心总有个声音在抱怨，阅读到什么时候才能完事。所以，对学生不能太苛刻，该给的奖赏一定要有。

　　不管是自然奖赏，还是规则奖赏，最终的目的都是要在你的内心当中形成一种渴望。什么才能称之为渴望呢？就是说一旦线索出现，你可能还没来得及行动，大脑就先有了一个强烈的预期，迫不及待地想获得后边的那个奖赏，对奖赏的渴望不断地驱使你赶快按照习惯办事，如阅读25分钟后可以自由活动、看看电视、玩玩手机，或者可以获得一张阅读绿卡，等等，如此，奖赏的目的也就达到了。

　　当然，如果书籍本身充满乐趣，更能较好地持续下去。当初推行刷牙时，只有极少的人能够坚持刷牙，后来，牙膏的味道越来越好，越来越多的人就能够坚持刷牙。读书的乐趣越多，学生就越容易坚持读书。阅读打卡，是坚持阅读的好办法，对形成阅读习惯而言，它有三大好处：一是让每天的习惯养成任务显而易见，并以视觉的形式提醒你采取相应的行动；二是每天的记载让你感受到阅读的点滴进步和老师、同学的持续关注，让阅读本身也充满了吸引力；三是当你记录下又读完一本书时，你会有一种成就感。当学生不断地感受到阅读的快乐，加之后期教师新鲜有变化的奖励，养成阅读习惯就不再是难事。教师可以对阅读进行规划，并提供读书卡的参考样式，学生还可以进行个性设计。

表2 《傅雷家书》读书卡

制作人：		
选择的信件		
关注的话题	读书求学（　　　） 艺术追求（　　　） 感情处理（　　　）	生活细节（　　　） 人际交往（　　　） 其他方面（　　　）
内容概括		
佳句摘抄		
我的批注		

　　阅读教学，教师总想追求一劳永逸、一步到位，总想让学生直接达成深度阅读。愿望不错，但无法操作，甚至会适得其反，令学生望而却步。阅读，就是一个由浅入深、由易而难的攀登行为，先是读过，可能只是记忆的残损碎片；其次是读懂，这才是内容的理解加工；最后是读透，最终抵达智慧的深层建构。教师不可一味地求深，读过是前提，读懂是关键，读透是目标。只有如此，才能形成阅读的"心流"状态。阅读"心流"，是指阅读中全神贯注，从而忘记了周围世界的一种精神状态。往往做力所能及、难易适中的阅读任务，可以让学生产生沉浸其中、欲罢不能的体验，这也是形成阅读习惯的关键。

　　在习惯的养成中，情感扮演着极其重要的角色，如神经学家安东尼奥·达马西奥所说："正是情感让你能够将事情标记为好、坏或无关紧要。"人类生存和学习发展的强大动力取决于自身的情绪和动机，它们也决定着人生发展的方向和高度。如果表层渴望与深层动机一致且能够获得满足时，就会产生良好的情感和情绪状态，能够让反应简便易行，让习惯变为行动，继而持续地产生"心流"，从而形成阅读习惯。教师在培养学生的阅读习惯的时候，一定要充分运用多种动力系统提升学生的阅读动机，培养学生的阅读情绪。

每个阅读行为都有表层的渴望和深层的动机。有源于文本与环境的直接动机，有源于理想与意志的间接动机，还有渴望得到同伴的认可、教师的表扬、成绩的上升等社交动机。对教师而言，更应促进学生提高其素养、获得尊重和自我实现。

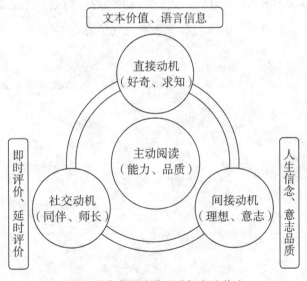

图1　整本书阅读学习动机实施策略

习惯是重复了足够多的次数后而变自动化的行为。如何让学生愿意去重复？顾明远先生认为"没有兴趣就没有学习"，他认为："决定学生学习兴趣的是他的学习动机，即人的一种内驱力，是人的活动的内在动机。"如布鲁纳强调："学习的最好刺激，乃是对所学材料的兴趣。"想不想阅读，会不会阅读，能不能读完，是整本书阅读习惯培养必须考量的三个问题。促进学生自由阅读和广泛阅读，图书漂流法也是一种不错的方法。实践证明，在图书漂流的过程中，学生不仅对书籍本身感兴趣，也会对同伴对书籍的点评感兴趣，他们还会对同学的点评再次点评，这个过程是有趣而持续的。欲望负责点火，快乐保持烈火持续燃烧，它们能够给予阅读行为源源不断的动力，让学生的阅读获得感永不间断。

概言之，要养成学生阅读的良好习惯，教师就需要从线索、行为和奖赏三方面精心设计：线索是营造仪式感，行为是确立操作性，奖赏是强化驱动力；线索要频繁，行为要简易，奖赏要明确。由此可见，好的阅读习惯是可以培养的，是可以重复的，它能让阅读的开展更流畅，让阅读的动作更娴熟，让阅读的策略更自主。阅读，就是保持人性深处那摇曳不息的文明之火并且让它永远燎原在这个星球，自然地、主动地、持续性地、优质地阅读，与好书结缘，丰盈自身的灵魂世界，去洞见气象万千的精神品格。

（本文发表于《未来教育家》2021年第5期）

阅读之"用"：过程性策略

　　整本书阅读，完全放在课内不现实，完全放在课外不负责。怎么办？在阅读的前期、中期和后期，教师要以专业的方法和有效的路径推进学生展开整本书阅读，然后指导和引领学生开展课外阅读。要推进深度学习与整本书阅读教学的内在关联，一是强化内容设计，即有效的知识传授；二是强化加工过程，即高阶的思维活动。

　　当前，整本书阅读正迈向课程化，按照阅读指导的时间来分，大致可以分为前期导读课、中期推进课和后期整合课。

　　如何扎实、有效地进行中期推进？可以从三个方面着力：阅读时间课内化，让中期推进有力；阅读过程策略化，让中期推进有效；阅读形式活动化，让中期推进有趣。

　　本文分为导读课策略、推进课策略和整合课策略。前期导读课重在"导"：导兴趣，导方法，导习惯，价值在建立学生与本书的意义导联。中期推进课重在"推"：展示前期成果，推进后期阅读；发现阅读问题，促进学生思考；搭建阅读支架，推进深度阅读，价值在推动文本细读。后期整合课重在"整"：整合内容、整合方法、整合成果、整合智慧，价值在阅读的多重意义深度整合。

导读课策略：整本书阅读"三导三读"策略

天府第四中学　唐菊萍

　　钱理群先生曾说："文学名著的阅读，就是一种发现：既是对作品所描述的已知、未知世界的发现，也是对自我潜在精神力量的发现。"新课标对"整本书阅读与研讨"提出了具体要求：一是拓宽阅读视野，积累阅读经验；二是掌握读书方法，提升阅读能力，养成阅读习惯；三是深化对传统文化、革命文化和社会主义先进文化的认识和理解，完善人格培养。

　　整本书阅读教学的难度在于：教师要运用巧妙的设计、有效的阅读方法指导将复杂高深的学习内容与理解力有限、知识储备不足的学生有机地联系起来，实现和谐对接。教师也使出浑身解数，设计了各式各样的导读课，但是大多数的导读课重形式，忽略学生作为阅读主体最基本的阅读兴趣，使学生对整本书阅读的兴趣普遍不高。因此，如何有效激发学生整本书阅读的兴趣成了整本书导读的重点。结合学生整本书阅读的现状，在反复实践中总结出了名著导读的"三导三读"策略，即导兴趣，让学生乐读；导方法，让学生会读；导习惯，让学生深读。

一、导兴趣，让学生乐读

　　新课标强调课堂教学情境设置的重要性，其目的是要让教师在教学中通过创设情境，自然地引出其教学内容，让学生产生情感上的共鸣，从而激发学生对整本书阅读的兴趣。情境创设在整本书导读教学中同样适用，教师可以通过创设生活情境、影视情境、书本情境等有效情境，来激发学生整本书阅读的兴趣。

（一）生活情境

洞察学生的阅读需求，设置学生熟知的生活情境，以学生喜欢的方式来介绍名著，从而吸引他们关注名著，不失为激趣的良方。

首先，教师可以在名著中寻找一些"悬疑点"，设置成问题情境，引发学生阅读的兴趣。例如，《海底两万里》导读课可以创设这样的情境：在人类社会还没有制造出飞机的时候，他小说中的人物已经驾驶直升机自由来往于天空；在人类还没有研制出潜水艇的时候，他小说中的人物已经驾驶"诺第留斯号"潜水艇中海底航行两万里了。他是谁？航行都经过了哪些地方呢？经过的地方和现在的世界地图对应得上吗？

其次，教师还可以从名著主题、人物思想等方面寻找一些和学生生活相联系的"共通点"，来设置生活情境，引起学生的阅读兴趣。例如，教师在《朝花夕拾》导读课中可以创设这样两个情境：活动一，讲童年趣事，让学生讲述自己童年趣事，自然营造出轻松愉悦的氛围。活动二，寻大师童年趣事，作为文学大师的鲁迅在学生心中是崇高神圣、不可靠近的，而大师的童年趣事却足以引发学生的好奇心。学生在这种轻松的氛围中将不知不觉地进入作品，初步消除了学生与经典的隔膜。

（二）影视情境

利用影视资料，激起学生的溯源意识。影视资源集视觉、听觉于一体，形象直观，具有强烈的感官冲击力，对青少年学生也具有很强的吸引力。教材里的名著，很多都已改编成电影、电视剧，如果教师能因势利导，将名著有关的电影、台词等引入课堂，成为名著导读教学的辅助资源，就能通过影视这个桥梁抵达名著的源头，来激发学生阅读整本书的兴趣。

名著本身是经典，但一些名著的时代背景和学生的生活背景相去甚远，读起来稍显枯燥，学生不愿意走进。教师可以从名著中找出切合学生年龄的片段，在导读课中创设具体的情境，引发学生的内在阅读动机。

二、导方法，让学生会读

在整本书阅读过程中，学生的阅读兴趣、阅读视野受限于其阅读方法。读书方法、策略是阅读赖以进行的工具。有效的阅读指引，能让学生从乐读走向会读，可以用教材导读、教师导读、学生导读来实现。

（一）教材导读

整本书导读课可以让学生通过教材中"读书方法指导"来找寻突破口。教材是学生名著阅读的出发点和依托。教材中的阅读方法指导给学生指明方向，教给方法，举出实例，让学生得法于教材内，并运用于整本书阅读中。

教师可以把教材中的名著导读方法进行整合，让阅读方法更有实操性。例如，《西游记》的导读方法是精读和跳读，精读就是细腻的感受、透彻的理解和广泛的联想，需要细读、精思；跳读则是指主动地舍弃、有意地忽略某些艰涩难懂的章节，以求更高效率。《水浒传》对古典小说导读方法，即把握题材特点、了解古代白话小说的艺术手法、分析人物形象、体会语言风格。把这两个导读方法进行整合，就为学生阅读长篇古典章回体小说指引了方向，让学生的阅读达到事半功倍的效果。

（二）教师导读

在整本书阅读导读课中，学生是阅读的主体，教师是阅读的主导。通过教师恰当的方法点拨，让学生在面对这些"大部头"著作时，更加从容，起到四两拨千斤的作用。教师可以从以下几个方面给予指导：

一是建立阅读图式，提纲挈领。他山之石可以攻玉，美国莫提默·J.艾德勒和查尔斯·范多伦在《如何阅读一本书》中提出阅读的四个层级：基础阅读，检视阅读，分析阅读，主题阅读。四个层级从阅读的不同阶段给出了不同的阅读技巧，为整本书阅读提供了有效抓手。教师可以利用其中的检视阅读带领学生进入阅读，达到提纲挈领的作用。

《朝花夕拾》人物繁多，无中心事件、中心人物，学生如何进入阅读考量着教师的智慧。教师可以设计这样三个环节：首先简介检视阅读，接着聊人物初印象，最后通过给鲁迅先生设置朋友圈来给人物归类，让学生体会作者的情感倾向。教师巧妙地借助检视阅读这个抓手，让学生既见森林，又见树木，既整体把握全书概貌，又习得通读全书的阅读技巧，可谓是一举两得。与此类似的《儒林外史》也可以利用这样的策略来进行阅读指导。

二是利用问题公式，见微知著。小说这种文学体裁以塑造人物和讲故事为主，许多作家和文学评论家都从写作的角度剖析其技巧。教师可以借助小说家的金石，帮助学生建构一类小说的阅读图式，提高学生阅读兴趣，进而提高其阅读效率。

《小说课》里就谈到"三的妙用"和编故事的"七个问题公式"。"三的妙用"指三番两次，"七个问题公式"，即目标、阻碍、努力、结果、意外、转弯、结局。仔细阅读就会发现《西游记》就暗合这种图式。鉴于学生对一些故事情节耳熟能详，教师可以先让学生说出带"三"的回目，如三打白骨精、三调芭蕉扇，通过对故事情节进行梳理，可以发现"三番两次"这个相同点；接着让学生从书中任选一个情节画出思维导图来进行印证；然后用七个问题公式带入情节分析；最后让学生总结《西游记》的故事结构特点：大故事中套小故事，大目标套小目标，总是要经历三番两次才能取得胜利。

（三）学生导读

整本书阅读让作为阅读主体的学生根据自身的兴趣、问题、目的选择相关内容，进行"选择性阅读"的分享。这既尊重了学生作为阅读主体的个性表达，又注重了教师作为榜样的引领示范作用。

一是开放式谈阅读感受。此种导读不设定导读形式和内容，让学生谈自己对这本书的阅读体验。教师在对名著阅读没有具体导读指导的前提下，让学生自主阅读，然后在班级内引导学生进行个性表达，甚至可以通过个别学生真实阅读感悟的一些争议点来激起其他学生的阅读兴趣。

二是精准设计问题引导。让学生导读，并不是教师放任不管，任由学生进行无序化表达。而是把学生放在了阅读主体地位，教师可以通过巧妙的问题设计，引导学生进行阅读分享，教师顺势进行方法指导。例如，肖培东老师在《艾青诗选》导读课中就做到了这一点，他设置"用聂华苓的评价语启迪思考"这个环节：首先提问艾青的诗好在哪里，屏显聂华苓的评价语"艾青的诗，好在那雄浑的力量，直截了当的语言，强烈鲜明的意象"，问学生是否同意这个评价，有没有需要补充，让学生结合《我爱这土地》及其他诗作说说，最后回到《艾青诗选》，让学生思考阅读这本诗集时要注意什么。这个环节的教学，重在引导学生读出艾青诗歌的艺术特色，并巧妙地在学生的读书方法上给予指导。

三、导习惯，让学生深读

整本书阅读是一个相对长的时间，教师需有计划地推进，调动学生阅读的积极性，培养学生阅读习惯，让阅读真正落到实处。在指导学生阅读的过程中，教师可以开展各种阅读展示活动，引导学生从兴趣走向个性化的深入思考至关重要。

（一）阅读规划

制订详细计划，让学生阅读有方向。帮助学生阅读时间规划的重要步骤是让学生明白阶段性任务，让阅读进程可视化，如《昆虫记》阅读教师就可以制订以下阅读计划：

表3　《昆虫记》精读阅读规划表

班级：	姓名：　　　　学号：	预计阅读周期：5天	
日期	阅读内容（章节）	问题解答	疑难点记录
第一天	《蝉和蚂蚁的寓言》 这篇文章体现了怎样的科学精神？这样的精神在闲适生活中的意义何在？		

日期	阅读内容（章节）	问题解答	疑难点记录
第二天	《象态橡栗象》 看看法布尔是如何观察这种昆虫的，你从中能学到哪些科学方法？象态橡栗象身上又有哪些品质值得我们学习？		
第三天	《意大利蟋蟀》 将触动你的语句、段落摘抄下来，总结从这篇文章中，你体会到了法布尔对生命、自然有着怎样的态度？		
第四天	《米诺多蒂菲》 总结法布尔是如何描写米诺多蒂菲的外貌和习性的，他都使用了哪些写作手法？体会科普作品所独有的、严谨的文学性		
第五天	从对昆虫的描写，法布尔的科学精神，法布尔对生命、自然的态度三个方面，对精读篇目进行总结和整理		

（二）阅读打卡

对于心智尚未成熟的学生来说，兴趣可能转瞬即逝，所以阅读过程推进具体细化落实最重要，故利用各种便利的打卡程序进行过程型推进很有必要。教师布置阅读任务，学生阅读打卡勾画批注，在相关程序上上传图片、视频、音频的方式就是实现阅读推进有序化的重要方法。

（三）阅读交流

教师可以根据学生的阅读推进情况，开展一系列名著阅读交流活动，给予学生名著阅读展示的舞台，让学生获得阅读的成就感。例如，教师可以每周进行阅读分享交流活动，可以是精彩片段评析，精彩片段表演，模仿《朗读者》节目的形式自由朗读由学生自己写的片段短评、最喜欢的人物介绍、最喜爱的名著小故事演讲等；每月进行阅读手抄报展评、读后感大赛、辩论会、优秀读书笔记展评、优美读书卡评比等。学生可根据自身的兴趣和特长自由选择，让不同层次的学生都有参与感。当学生进入阅读的氛围里，情节的乐趣、文句的乐趣、人物的乐趣、分享的乐趣、阅读成就的乐趣等从不同角度悄然而生，学生深入阅读名著的积极性就会越来越高了。

当然，教无定法，教师通过导读课引导学生走向深读的路径很多，但无论何种方式的导读课最终都要指向学生的"读"，让学生乐读、会读、深读。如此，才会让整本书导读课导之有方，读之有向。

推进课策略：整本书阅读中期推进的路径分析

成都棠湖外国语学校　刘勇　吴利容

对名著阅读教学而言，教师大都重视导读和展示，但对名著阅读的中期推进，则没有确切指导，甚至是缺少关注。

如果教师"虎头蛇尾"或沉浸于阅读训练、陶醉于所谓的阅读展示之中，带给学生的无疑是负担和厌倦，甚至会使学生产生抵触情绪。实践证明：如果学生不喜欢阅读，没有真正地读书，那他就形成不了阅读素养。PISA测试显示："阅读+做题"的阅读模式与"阅读+读后感"的阅读模式，与阅读成绩几乎没有关系；而让学生拥有独立的阅读时间，则与其阅读成绩有很大的正相关。这个测试结果不得不引起教师的高度重视，这表明整本书阅读的中期推进策略亟待加强。

综合语文教育现实来看，语文教学中对学生阅读方法的引导不够，其主要表现为两点：一是课堂教学中精讲过多，学生缺少自主阅读的机会；二是阅读方法指导不足，学生缺乏多种阅读技能。经过多年研究，在参加"部编版教材""名著阅读课程化丛书"编写过程中，我们认为名著阅读的中期推进应当"三化"，即阅读时间课内化，让中期推进有力；阅读过程策略化，让中期推进有效；阅读形式活动化，让中期推进有趣。对学生而言，名著阅读需要时间浇灌才能开出素养的花，一切离开时间谈阅读的所谓的策略和方法都是纸上谈兵；对教师而言，名著阅读必须有以文本特质为依据的教学策略才能有的放矢地指导；对阅读过程而言，以活动为主的课程是有效的阅读助推器。

一、阅读时间课内化

首先要将阅读时间课内化，让名著阅读"表上有名"，光明正大地步入语文课程。落实名著书籍，建立班级图书柜，整合并优化符合初中生的阅读课程，让学生经历"自由阅读—自主阅读"两个阶段，由浅入深，由言而意，以保证名著阅读的有效开展。这里的"自由阅读"是指无指导、无系列、无压力的随意阅读；教学中的名著阅读应迈向"自主阅读"，即在教师恰当的指导下学生进行主体性阅读。它保持了前者的优点：有需要，有兴趣；又避免了前者的不足：随意性和低效性。

由于功课的压力和应试的影响，课程保障对名著阅读的真正实施显得尤其重要。我校初中部从初一到初三，67个行政班级无一例外每周开设两节名著阅读课，课堂的时间集中阅读名著，集中指导。并且，学校将阅读课的落实和效果纳入班级考核，给予行政力量的保障。同时，每周的活动开设了名著阅读选修课，让来自不同班级的学生一起交流与分享。另外，学校还有定期的读书活动月，会定时开展各种类型的读书活动，鼓励学生参与其中，激发学生的阅读兴趣。集中阅读名著，使学生阅读的时间得到保证；统一名著阅读内容，便于教师开展指导，让学生在课内开启阅读之门，课外继续乘兴而读。

在名著阅读中期推进过程中，教师的作用还体现在哪里呢？师生在课堂上一起研读，边读边分享阅读心得，更主要的是进行点拨指导和方法引领，读书后再进行不同角度的归纳总结，保障持续性阅读和有品质的阅读。这一时期的课程教师称之为名著阅读的中期推进课，课型很重要，但往往被大家忽略。

以《伊索寓言》的中期推进课为例：

第一板块导入，说说已读故事的名字。

第二板块"比比看——谁讲的寓言故事又多又精彩",又分为三个梯队。第一梯队:故事续接;第二梯队:角色型(关于同一角色"狐狸"的不同故事);第三梯队:主题型(关于同一主题的不同角色的故事)。

第三板块"想想看——寓意的归纳可从这些角度进行",以故事为例来看归纳寓意的常用方法。

第四板块"我有新看法——相同的故事不同的寓意",以钱钟书先生对《衔肉的狗》提出的新看法为例引导学生进行创新探索,并引导学生继续有创意地、思辨性地阅读。

在教学中,师生共同建构出《伊索寓言》的三大魅力:让角色充分表演,折射百态人生,这就是它的魅力之一(板书:丰富角色,百态人生);小故事有大道理,相同寓意由丰富的故事来表达,这就是它的魅力之二(板书:相同寓意,多种表达);从人物、情节、语言等不同的角度去思考,就会得出许多合理的新寓意,新的寓意让古老的故事焕发出新的活力,《伊索寓言》常读常新,这就是它的魅力之三(板书:古老故事,常读常新)。

此外,根据阅读实践,我们在中期推进的时候还开设了亲子阅读课、影视对比课、专题鉴赏课等。结果表明,不同的课型,让阅读时间适当课内化,让学生阅读名著的兴趣和成果及时展示与交流,是名著阅读得以有效展开的前提。

二、阅读过程策略化

一是阅读有规划。阅读既有整体规划,又有具体计划,让阅读有"痕",让过程可见。二是自读有批注。"不动笔墨不读书""理解就在咀嚼中",可以有提问式批注、点评式批注、拓展式批注等。三是共读有帮扶。分成若干小组,由小组长负责阅读内容、阅读时间和阅读过程的监管,可以使学生在"你追我赶"的良好氛围中养成阅读习惯。四是展示有评价。"互为读者,互为欣赏者,互为指导者",当同伴评价成为影响学生的一个重要因素时,学生阅读名著的内动力也就生成了。

例如，阅读《创业史》上部，共三十二章，拟七周完成。前三周每周约完成十章阅读，剩下几周做读后整理和活动呈现，为保持阅读的连续性与完整性，时间可大致安排如下：

表4　《创业史》阅读计划表

前三周　快速通读全书	
第一周	阅读题叙及一至九章
第二周	阅读十至二十章
第三周	阅读二十一至三十章及第一部的结局

快速通读全书时，我们建议完成以下三件事：

（1）随手做一些圈点勾画。可依学生自己的习惯在重点或关键语句、精彩语句、有疑问处、深有体会处等，做出不同的标记，如可以用"一疑二好三关键"的方法进行勾画，即，疑难处、好词佳句、关键语段等。

（2）每读完一章，停下来思索一下，简要概括内容。形式可多样，如可按照"三回顾一感悟"的形式进行整理：一是回顾人物关系，二是回顾每章情节，三是回顾感人片段，四是整理"我"的感悟。

（3）按照阅读进度完成相应的思考题，测评自己的阅读效果。

第四周：根据自己前几周的阅读经验，回忆每一章的内容，围绕自己感兴趣的专题，选择部分章节进行精读。可按以下步骤安排：

表5　精读计划表

第四周　精读部分章节	
周一	精读已经做好批注的"题叙"内容，边读边思考这些批注给你的启发，看看是否进一步增强了你对内容的理解
周二	精读第五章和第七章，完成批注。想想这一章在塑造梁生宝的形象上用了怎样的写作手法，从中看到一个怎样的梁生宝？另外可以此为契机，对有关梁生宝的相关情节做梳理

续 表

第四周　精读部分章节	
周三、四、五	精读第六章、第十五章、第二十四章、第三十章中有关郭改霞的情节，写好批注，整理全书中有关郭改霞的故事，以回目形式串联所有与之有关的故事。另外也可评价改霞其人以及本书中女性的形象。（可选另外的主题阅读，女性形象仅作抛砖引玉之用，希望学生们能学会阅读后归类整理阅读成果）
周六、日	根据自己的兴趣，再泛读全书，或选取自己感兴趣的内容进行精读。

第五周：围绕学生自己感兴趣的专题，分小组进行阅读、交流及写作。可以选择教材中提供的专题，也可以小组讨论自行确定研究专题。

教师可以引导学生依下列步骤完成专题阅读：

（1）大约用两天的时间，围绕小组选定的专题，选取相关章节进行精读。精读时注意梳理相关内容，记下自己的思考。

（2）第三天，小组分享阅读感受，或提出存在的疑问，与大家交流，取长补短，提出进一步阅读的目标。

（3）第四天，围绕疑问或上一次的阅读目标，再次交流，并讨论小组阅读成果的最终展示方式，做出分工，分头准备。

展示方式可以多种多样，不拘一格，一定要把精彩的阅读成果展示给大家。围绕要展示的成果，教师可以找一些相关的鉴赏文章来让学生读一读，加深理解和认识。

示例：

（1）以人物为主线的情节梳理成果。形式可丰富多样，如思维导图、回目概括、人物大事记等。

（2）经典人物形象的评说。可采用横向和纵向的对比法来谈人物形象，如横向对比骆驼祥子和梁生宝在苦境中的创业，对比二者的不同；也可以归纳发现梁三老汉前后的变化来评述人物形象。总之，角度可以多种多样。

（3）改编成舞台剧本。例如，可选郭世富上梁，梁三老汉和众人对话等内容进行改编，改编的时候注意剧本的书写要素、方法。时间、地点、人物各要素要齐全，尤其注意对白的设置，既要忠实于原文，又要体现个性化，可做适当的补充。

（4）自选角度的小论文创作。《也谈梁生宝的人物形象》《梁生宝与梁三老汉谁更真实》《创业史中几个女性形象的对比》《我评柳青写作〈创业史〉》

第六周：成果展示。根据不同的文本特质，对学生的阅读过程进行合理有效的指导，逐步引导学生发现名著本身的魅力，同时提升阅读的品质，最终养成学生纯正的文学修养，给予学生终身有益的人生启迪。

三、阅读形式活动化

教师可以引导学生开展"读书讲坛"活动，将名著内容做成精美的课件讲给同伴听；可以将摘抄笔记整理归类，交流展示；可以将经典语录写在卡片上，制成书签、明信片等；可以以主题的形式制作手抄报，互动评价；可以将经典改编成剧本，搬上舞台……

在研究过程中，我们发现，许多教师感到困惑的是对读书方法的指导，一提到指导读书方法，一般都是：先读前言、后注和目录，略读与精讲结合，再做点读书笔记，办个手抄报。岂不知，这是适合于所有名著的读书方法，但将方法指导仅仅停留在这个层面上显然是不够的、也是空泛的，稍有阅读常识的人都知道，诗歌、小说、散文、戏剧、科普作品，不同体裁的作品阅读方法和习惯不尽相同，所以要求教师进一步研读教材阅读建议，根据文本特质，针对不同名著给予学生不同的具体阅读方法的指导和习惯的培养。当然，这也就决定了每一本名著的展示交流活动是不尽相同的，名著有个性，阅读活动应异彩纷呈。

例如，《骆驼祥子》《朝花夕拾》《钢铁是怎样炼成的》三本名著的阅读处理方式各不相同。《骆驼祥子》：前期分周布置阅读任务；中期分组确定话题，课堂讲解名著；后期根据各组话题，撰写研究小论文。《朝花夕拾》：前期分周布置阅读任务，中期分组领任务，后期集体完成资料整理。
其中五个关于《朝花夕拾》的任务分别是：各篇目50个字左右的内容概述；
15句经典语句的摘抄；作者喜欢的/褒扬的游戏、活动、任务、现象共列举
三个，并简要说明理由；作者不喜欢的/批判的游戏、活动、任务、现象共
列举三个，并简要说明理由（温馨的回忆和理性的批判）；列举本书至少三
个方面的写作特色，并能根据文章进行阐述（如对比手法等）；找出文中引
起你童年回忆的句子，并简要谈谈引起怎样的回忆情境。《钢铁是怎样炼成
的》：前期分周布置阅读任务；中期分章概括故事内容，每周5分钟"情节小
故事"分享；后期观看同名电影，并比较异同。

除此之外，我们还总结出名著阅读"四结合"：阅读和写作相结合，阅
读和欣赏相结合，阅读和表演相结合，阅读和生活相结合。让学生动起来，
让阅读活起来，让效果好起来，是阅读形式活动化的本真追求。实践证明，
读书活动的开展，得到学生喜爱。正如学生蒋怡佳写道：给我留下深刻印象
的是经典名著阅读活动，当我们还沉浸在第一次的"名著阅读交流会——
《日送》《飞鸟集》"中，享受于那一份阅读的欣喜与激动时，在这个落叶
满地的金秋时节，又迎来了新一轮的"名著阅读交流会——我与'名人'面
对面"活动。随着同学们的一一展示，我的思绪也在蔓延开来，不管是"扼
住命运咽喉"的贝多芬，还是在羁绊和艰苦中创作自己"理想和信念"的米
开朗琪罗，又或者是勇于改变自己并塑造"俄罗斯民族灵魂"的托尔斯泰，
都给我留下了深刻印象。在同学们绘声绘色地演讲与描绘中，罗曼·罗兰想
要告诉我们：要有坚强的意志去战胜挫折，要做命运的主人，持之以恒地去
实现梦想。"阅出别样的人生，读出自己的风采"。就在这样静静地聆听与
热烈的掌声中，此次交流会圆满落幕。

例如，阅读《创业史》，以梁生宝为中心，用思维导图来概括人物
关系。

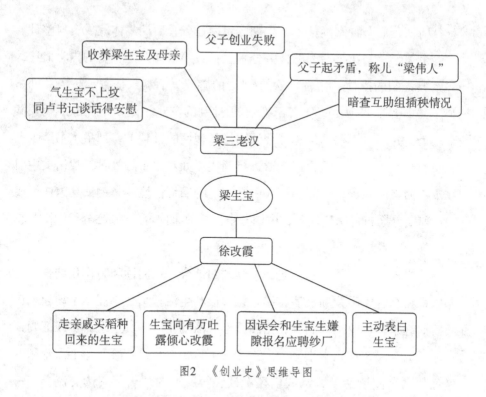

图2 《创业史》思维导图

再如，看了《海底两万里》，教师可指导学生根据《海底两万里》中提到的时间、地点，并结合地理知识绘制一幅航海路线图。

还有的学生通过想象绘制《海底两万里》的客厅、书房、海底漫步等场景，所制作的书签连不少出版社也很感兴趣，拟将其公开发行。

当然，阅读不可浅尝辄止。教师要培养学生阅读整本书的能力，使他们养成阅读习惯，并提高审美情趣。读整本的书还可以磨砺性格，养成良好的习惯与学风；也可以抵制网络快餐阅读，防止思维碎片化与肤浅化。

以前教学《骆驼祥子》，教师还没有说完阅读后要做的任务时，学生已经忍不住异口同声地说："手抄报——"顿时，犹如当头棒喝。什么时候名著已经沦落到一张手抄报走遍天下的境地？那泛滥的作者介绍、精彩书摘，学生俯首可拾，何须阅读？名著阅读的成果展示形式应该同其书本内容的丰厚性一致，当下阅读中存在的问题及如何更好地开展阅读成果展示促使我不断反思：要为每一本个性十足的名著找到一套属于它们的阅读评价形式，让名著在这些形式中焕发出他们本该有的思想光芒。于是，《骆驼祥子》的阅读过程和成果展示就应运而生了：自读批注、摘抄点评（提要式：化繁为简，梳理文脉；评价式：评价人物，点评语言；反思式：探讨主题，辩证思维）等，形成小论文。

学生在阅读《骆驼祥子》后，所形成的研究性小论文也得到了发表。学生在《我看祥子》中写道："祥子是《骆驼祥子》中的主角，也是形象最为丰满的人物。老舍写的文字十分精妙，于一字一句的描写中都可以触及祥子的灵魂，可以说是句句扣祥子，字字关祥子，因此我们对于祥子的感触，也是颇深的。"学生在《残喘浊世的小福子》中写道："小福子是老舍笔下理想的一个悲剧人物，她的命运无不向人们展示了什么叫'悲剧'。老舍先生想要去创造这样一个人物，他想要这样一个人带来一种美，而她的美的本质、她的美的意义，是老舍的一种美学的创造。而这种美的悲剧也是必然的，在这样的压迫之下，小福子只能一步一步走向毁灭。"学生在《这就是北平》中写道："故事发生在北平，它如同一张巨大的画布，在这张画上着色、描摹，上演悲惨人生，最后，所有的人，所有的物都有了一种'北平'的风味！那是一种怎样的随意自然，又韵味浓郁呀！"……

概而言之，每本名著都有自己的个性。我们要像对待恋人一样热情似火，又要像对待老朋友般耳熟能详，用最温暖而特别的方式去亲近他们。我们要清醒而果断地拒绝一切假阅读、浅阅读和不阅读的行为，让名著阅读教学能够促进学生静心凝神地真实阅读。要通过一次次的阅读、一次次地探寻、一次次地发现、一次次地重构、一次次地突破……不断培养学生阅读的激情，提升学生阅读的品质。正如美国著名教师雷夫·艾斯奎斯所说的："我们最终必须用孩子们在发自内心阅读时发出多少笑声和留下多少泪水来衡量他们的阅读能力。"

参考文献：

[1]刘勇.学生需要什么样的阅读[J].中学语文（中旬），2015

（7）：46.

[2] 温儒敏. 倡导名著阅读，还须讲究方法［J］. 创新人才教育，2015
（1）：26-27.

[3] 刘勇，何蓉琼，吴利容. 走进经典，师生共读——刘勇名师工作室
"名著阅读"活动纪实［J］. 语文教学通讯B刊，2014（5）：37-
44.

[4] 艾斯奎斯. 第56号教室的奇迹［M］. 卞娜娜，译. 北京：中国城市出
版社，2009.

　　（本文发表于《中学语文》2018年第1期，后为中国人民大学报刊资料中心《初中语文教与学》2020年12期全文转载。）

　　（该论文是中国教育学会"教育科研专项课题"《初中语文本真教学的策略研究》的研究成果，课题编号：Z282015013。该成果荣获四川省首届中小学教学名师优秀教育科研成果一等奖）

整合课策略：整本书深度阅读的后期整合路径

成都棠湖外国语学校　刘勇

毋庸置疑，相较于单篇教学而言，整本书阅读容量大、目标多、操作繁、实施难。后期整合课，关键在于一个"整"字。没有整合与融合，教师的指导就会零敲碎打，学生的整本书阅读便会散而无神，收获也将会大打折扣，成为"一地鸡毛"。如何在阅读的后期确定目标并实现整合？这就需要教师有意识地进行化繁为简、化零为整的指导：内容整合，策略整合，方法整合，情感整合，智慧整合……带领学生深度阅读，常读常新。

一、学生展示与教师指导整合

后期整合要处理好学生的阅读展示与教师的有效指导之间的关系。很显然，整本书的真正阅读大都发生在课外，但这并不意味着教师就可以放任不管。在课内教师应当有恰当的阅读指导，其目的是让学生能够更好地进行自主阅读。经过多年的研究与实践，我们认为后期整合的课堂，既是学生展示的舞台，又是教师解惑的天地。在学生进行展示之后，教师要及时、准确地引导学生发现问题、解决问题。"阅读整本书……教师的主要任务是提出专题学习目标，组织学习活动，引导学生深入思考、讨论与交流。"因此，在阅读整合阶段，教师要引领学生再读、细读、深读名著。

例如，阅读《海底两万里》，学生展示航海路线思维导图和介绍海底世界后，教师组织学生分小组汇报"我最喜欢的书中人物或我最难忘的一处场景"。学生的汇报有脸谱化和同质化倾向，如何突破难点和深入阅读？这就需要教师以"项目"的方式适当引领，如写颁奖词，与学生共同梳理颁奖词的四大要点：大笔写意，点明人物的事迹；纵深开掘，彰显人物的精神；综合表达，事、理、情有机融合；言简意丰，语言凝练流畅。之后，教师适时诱导并提出最关键的两点：用书中的故事情节来串联，用书中的关键词语来点睛。从作业的完成情况来看，学生大都再读了人物的相关章节，给人物写的颁奖词扣合文本，表达精彩：

（康塞尔）你虽是一个普普通通的仆人，却生性沉稳，为人随和。你总是如此气定神闲，从不大惊小怪。你精通分类理论，遇到事情总是那么的认真。当阿龙纳斯教授被抛到海里，生命危在旦夕之时，是你，义无反顾地跳到海里搭救他，直至获救；当诺第留斯号碰到冰山无法换气时，是你，把仅剩的一点氧气留给主人，救活了主人。你看似卑微，但你忠心耿耿，赢得了世人的赞扬。

如何展示？除了常规的摘抄、手抄报，教师还可以开展"读书讲坛"活动，或者让学生制作书签、明信片作为礼物互赠，抑或将经典改编成剧本，当然，还可以依据主题进行小论文创作等。如何指导？以阅读展示为前提，以问题发现为基石，以"项目"驱动为方式，即基于学生展示情境下的真实问题，教师继续以"项目"的形式来推动整本书的再读。整本书的阅读绝不是读一遍即可，更非背诵"必背要点"应付考试，最重要的是让学生"在反复阅读过程中，每读一遍，重点解决一两个问题，有些地方应仔细推敲，有些地方可以略读或浏览"。对于每一部经典作品，愿意再读、再品、再悟，犹如苏轼的"八面受敌"读书法，真正实现"旧书不厌百回读，熟读深思子自知"。

二、片段品读与全书观照整合

在后期整合中，教师要引导学生注意处理好整体阅读和片段精读的关系：片段精读旨在促进整体阅读的温度，整体阅读意在提高片段精读的深度。

在《名人传》的学习中，有学生提问：米开朗琪罗，他的一生都在无休止地挣扎与痛苦中替别人干活，但是他为何不拒绝呢？这个问题提得好，这需要在后期整合中观照全书。如何观照？回到《米开朗琪罗传》，借助思维导图来梳理故事情节，让学生自己感悟而非教师告知，米开朗琪罗极其特殊的人生经历造就了其极其复杂的性格特征，既是社会悲剧，也是性格悲剧。通过梳理，本传记"大笔勾勒，择要叙事；大量独白，谱写心曲"的语言特点亦跃然纸上矣。

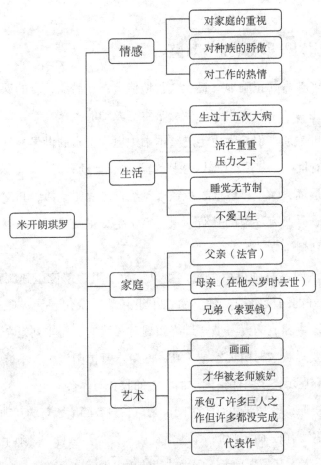

图3 《米开朗琪罗传》思维导图

教师还可以继续引导学生观照整本书《名人传》。如何观照？在《米开朗琪罗传》中有一句非常经典的名言："世界上只有一种真正的英雄主义，就是认清了生活的真相后还依然热爱它。"结合三位英雄的经历说说你对这句话的理解。借此，贝多芬、米开朗琪罗、列夫·托尔斯泰性格的共同点就出来了，罗曼·罗兰写《名人传》的意图便也就彰显了，在这个过程中，学生自然也得到了人文的熏陶和人生的启迪。

需要强调，此处的片段品读不是精读教学，整本书阅读教学需要教师指导，帮助学生实现整本书阅读的结构化，但"要避免过度结构化，高度结构化教学之下的学生阅读还是被动阅读，而不是主动阅读，不是自我发现的学习"。

三、个体思想与师生智慧整合

人类的经典需要正确地、最大效益地传承，在后期整合的课堂教学中，就要进行学生与文本、学生与学生、学生与教师的多重互动，以实现个人、小组和全班的融通，引领学生走进整本书中更为丰富的世界。其路径为"四有"：自读有批注，共读有帮扶，展示有评价，活动有总结。

在个人层面，学生可以通过批注来凝练自己的阅读体验和阅读智慧，这一步最关键，是所有环节的基石，只有当学生真正阅读了整本书以后，才能真正地推进其余环节。

在小组层面，教师可以组织学生以学习小组为单位组建阅读成长共同体，形成良好的阅读氛围，使学生在小组互动中淡化差异、取长补短，在"你追我赶"中养成阅读习惯，最终实现对阅读的重新排列组合。在这一环节中，教师要提防"树荫现象"（高大的树木遮挡阳光），不能让优秀的学生完全主宰和展示，要关注不同层面学生的收获与体会。

在全班层面，教师要注意学生阅读智慧与自我阅读智慧的互动与生成。学生的展示，需要有教师的评价；学生活动后，教师要有总结。师生之间互为读者，互为欣赏者，互为指导者，师生共读的动力也就自然彰显并内化了。

在《西游记》的后期学习中，当学生林林总总地展示后，教师可以提出这样一个问题：如果你是唐僧，面临新的取经任务，只能携带两名徒弟和一匹白龙马，你会舍弃哪个徒儿？为什么？在此基础上，教师带领学生谈谈在这部小说中给你留下深刻印象的人物及与之相关的事件，并概括出人物的性格特点。如此除了培养学生梳理故事情节、感知人物形象、评价人物性格，更重要的是还培养了学生的比较分析、归纳概括、辩证思考等高阶思维能力。

四、亲子阅读与跨学科阅读整合

如今国家提倡"全民阅读"战略，在后期整合中，教师还可以实现"全域阅读"和"全科阅读"，以培养学生终身阅读的能力。要知道，整本书阅读是人生的必修课，而阅读兴趣和阅读习惯是其核心动力系统，所有的方法、策略都要基于此二者才有意义和价值，以此培养持续而理性的终身阅读者。

怎么让家长也参与阅读呢？教师可以把握好三个平台：家长会——动员激励；微信群——告知阅读任务及阅读方法；QQ群——共享阅读图片，发表读书感受，互动对话。教师与家长还可以根据实际情况，相互推荐好书。

在《西游记》后期整合后，教师还可以开拓新的空间：学科融读。为了让学生"常读常新"，教师组织学生以小组为单位，以一学期为一个周期，让学生自主申报小课题，邀请其他相关学科教师进行指导，并以研究报告作为成果的展现形式，培养学生的研究性学习能力。例如，《西天取经途中的旅游品牌价值》，就整合了语文、历史、政治、地理、数学等相关学科，《西游记西域服饰研究》，亦整合了语文、美术、音乐、地理等相关学科……从实践效果来看，学生表现积极，教师乐于参与，在前期阅读的基础上，推动了整本书的趣读与深读。

在整本书的后期整合阅读中，教师尤其要注意其整体性，就是"以教育哲学为指导，承认语文这个整体内部各要素的存在，用心寻找和探索它们之间的互相联系的规律"，并让学生真正地进行自主阅读，"大多数人都习惯于没有主动地阅读。没有主动地阅读或是毫无要求地阅读，其最大的问题就在读者对字句毫不用心，结果自然无法跟作者达成共识了"。如何整合阅读时间、阅读方式和阅读体验等，这些问题也都值得思考。

整本书就是一个"整体"，无论是鸿篇巨制的架构能力，还是纷繁复杂的语言艺术，抑或是恢宏壮阔的精神气象等，都需要在阅读中实现整合。阅读整本书，教师应在这一重大策略中体现自己的价值与作用，温儒敏提倡"签订阅读契约"，尤炜也特别强调："恰当的书目确定之后，指导就是决定的因素。名著阅读教学需要的是宏观的把控、精要的指导、细致的关注和丰富的资源。"

概而言之，阅读整本书，就是要让学生真正地读起来，让学生的精神丰盈起来，让师生都"站立"起来。

参考文献：

［1］刘勇，吴利容.整本书阅读中期推进的路径分析［J］.中学语文（上旬刊），2018（1）：68-71.

［2］教育部.普通高中语文课程标准（2017年版）［M］.北京：北京师范大学出版社，2018：13.

［3］李卫东.整本书阅读教学的几种偏向［J］.中学语文教学，2018（1）：7-10.

［4］刘勇.我们需要怎样阅读经典？［J］.中学语文教学参考（中旬刊），2016（1）：123-126.

［5］刘勇，何蓉琼，吴利容.走进经典，师生共读——刘勇名师工作室"名著阅读"活动纪实［J］.语文教学通讯B刊，2014（5）：37-44.

［6］洪宗礼.语文整体观的哲学思考［J］.中学语文教学，2018（1）：15-
17.

［7］艾德勒，范多伦.如何阅读一本书［M］.郝明义，朱衣，译.北京：
商务印书馆，2017.

（本文发表于《语文教学通讯·B刊》2018年第9期，后中国人民大学报
刊资料中心索引）

阅读之"评"：评价性策略

　　评价的基础是教师在真阅读、真研究。在教研中，我们要以阅读为基，从而筑牢教师阅读共同体。否则，一切的评价都是伪评价和假评价。整本书深度阅读，深在学生的阅读兴趣、阅读参与、阅读体验、阅读思考和阅读表达。教师要有问题意识、贯通意识、体悟意识，从而培育学生养成阅读习惯，促进阅读理解和追求深度阅读。教师应从彰显层级特色、关注阅读品质、指向能力建构等方面把握整本书阅读评价的特征，从延伸评价主体、实施评价监控、设计评价工具、拓宽评价视角、设计评价活动等维度，打造整本书阅读评价样态。

　　本文分为教师阅读共同体建设、阅读能力层级解读、中考名著试题考查审视三部分。整本书阅读的评价，不能削足适履，也不能太过应试和功利，否则势必会适得其反，甚至影响学生的阅读兴趣与阅读品位。深度阅读的有效评价是基于学生的真实生活、阅读人生和现实需求，以达成从"他评"走向"自评"、从"结论性评价"走向"增值性评价"的评价新取向。

阅读为基：铸牢教师共同体

成都棠湖外国语学校　刘勇

文化，是教育教研的灵魂；阅读，是文化建设的核心。

教师共同体如何培养卓越教师？这就要找到教师成长的核心环节，即专业成长的大概念和大任务：一是寻找卓越教师成长的共同基因，二是探索卓越教师成长的实践智慧。基于阅读的学习共同体建设，以读聚人、以读化人、以读育人，达成"从学问走向文化"的成长新取向。

人类文明源远流长，但保存智慧的手段不出两端：一是实物，二是书籍。阅读，不仅仅是吸收信息或获取知识，更是人类利用文字符号理解自我和建构世界的不二途径。正如赫尔岑所言："书，是这一代对下一代的精神上的遗训。"每一位教师个性迥异、风格无二，为何阅读可以成为共同体建设的核心途径？法国著名脑科学家斯坦尼斯拉斯·迪昂在《脑与阅读》中指出："在阅读方面，他们的脑并无太大差异，因此阅读学习的生理机制和学习顺序也大体相似。"基于主题的阅读，是最好的研究与修行，从单篇阅读到群文阅读，从整本书阅读到群书阅读。阅读引领着我们向着不朽跋涉，达人达己，使我们成为教育的"大先生"。

一、以读聚人，在具身与沉浸中唤醒与体验

如何唤醒教师的阅读动力？在阅读过程中，建立"在阅读中"的期待，

唤醒"在阅读中"的状态，体验"在阅读中"的实效，让他们成为自己的"阅读舵手"，形成沉浸其中的"阅读链条"，达成英镑上印制的简·奥斯汀名言"阅读是最有趣的爱好"之共识。

如何让教师沉浸于书籍之中？一是走进图书馆或将学习的地方打造成图书馆，二是进行阅读分享和好书推荐。图书馆，学校图书室、阅览室等，都是阅读的好去处；阅读分享、好书推荐，都是对话的好办法，更容易有沉浸阅读的效果。文学、历史、哲学，教育学、心理学、学科教学，都应是我们案头的必读之书。只有如此，才能把握学科核心，积淀人文底蕴，丰富精神世界；这样的教师，其课堂才能剑指"关键能力"，培养"必备品质"。

二、以读化人，在共读与自读中同化与顺应

朱自清在《经典常谈》中说道："经典训练的价值不在实用，而在文化。"如何以读化人？一是在形式上多开展读书沙龙，二是在内容上多开展群书阅读，在共读与自读中，实现阅读的同化与顺应，从而建构起自己的精神内蕴与文化体系，成为真正的"读书人"与"教书人"。

读读《贝多芬传》《米开朗琪罗传》《托尔斯泰传》，读读陶行知、张伯苓、叶圣陶、苏霍姆林斯基，学会发掘、阐释、融汇，感悟其治学历程、治学习惯、阅读趣味，感受其穿越时空的非凡远见、透彻洞见和独特创见，吸纳其深邃的教育思想和教学智慧。学习共同体，就是在读书、读人中达到"书养""他引""我悟"，从而突破自己，实现专业的第二次成长。帕克·帕尔默在《教学勇气——漫步教师心灵》一书中指出："真正好的教学，来自教师的自身认同与自身完整。"在阅读中，学习共同体的阅读要形成阅读自觉，促进每一位成员同化与顺应，从而摆脱"内卷困境"和"高原现象"。学习共同体的阅读，还要克服三大弊端：一是"二元对立"现象，二是"惰性思维"习惯，三是"经验茧房"问题。

联合国教科文组织在《反思教育：向"全球共同利益"的理念转变》中指出："学习既是过程，也是这个过程的结果；既是手段，也是目的；既是

个人努力，也是集体努力。学习是由环境决定的多方的现实存在。"由此可见，共读以"卷入"，自读以深入。

共读，应当更多地指向专业阅读。专业阅读强调理性与知性，强调广博与立体。笔者在成都市教师读书沙龙上提出"教育研究需要群书阅读"的观点，指出"中国重'道'与'悟'，西方重实证与技术，读书应当融通中西，为我所用"。

周国平认为："凡真正的哲学问题都没有终极答案，更没有标准答案。"阅读的根本意义在于探寻，犹如《苏菲的世界》中小女孩苏菲对于"你是谁"和"世界从何而来"的问询。对教育真谛的探寻也不是一蹴而就的，可能是"螺旋式"抑或"波浪式"的，其中的"跌落"和"波谷"都可能是在为"上升"和"波峰"做准备，关键是你要思考、实践和建构。

三、以读育人，在实践与建模中转化与生成

阅读之后，我们可能多了一种"经验"（杜威提出"一个经验"的思想），在经验之上需要开展内部整合，从感知到建构，更需从建构到运用，在阅读输入与输出间融会共生，这样才能生成并内化为教育素养，成为"一个完整的经验"。

读书需三个字：博、专、达。广博需要系统阅读，专业需要读深读透，这是具备"T"型人才的两个坐标，通达才能融汇这"T"的横与竖，让广博的知识成为课堂的底色，让专业的理论成为教学的指南，从而达人达已。

浅阅读导致人的浅薄，深阅读成就人的思想。美国教育家卡罗尔·德韦克在《终身成长重新定义成功的思维模式》中特别强调"成长"，所谓成长就是教学生"如何识别"能够引导我们生活的思维模式。在阅读的学习共同体中，我们要从"阅读者"变为"思想者"，更要转化为"引路人"。最好的引路是言传身教，著名教育理论家鲁洁在回忆其父亲鲁继曾时是这样描述的："在我的心目中，父亲的形象就是待在家里看书。"一个不读书的教师，他的课堂可能就只有"题海"而缺少"书山"，其生命

状态、生命气象和生命境界无法引领学生，更无法实现"立德树人"的国家战略。

人间最美四月天，最是师生阅读时。基于阅读的教师共同体建设，就是让摇曳不息的文明之火永远燎原的最佳路径。

（本文发表于《教育导报》2022年4月21日）

整本书阅读能力层级解读

成都市双流区教育科学研究院　李艾璘

经过对《义务教育语文课程标准（2022年版）》的学习，笔者认为对整本书阅读的考查不能仅仅指向简单的文学常识识记或内容细节的理解，更应指向分析综合、赏析评价和探究三个更高阶能力层级的考查。在此，我们以三个能力层级为横向指标，以12部教材列举出的必读书目为纵向要素，以图表方式对易考点进行梳理。

表6　必读书目的易考点

篇目	能力层级		
	C层级：分析综合	D层级：赏析评价	F层级：探究
《朝花夕拾》	①能按类别概括相关篇目的主要内容，如鲁迅的童年、鲁迅的转变、鲁迅的批判等。②能梳理分析或概括整本书的编写主旨。③能结合文本内容对中国封建社会有一定了解	①能赏析散文作品的语言、表达手法和情感。②能结合具体内容评价作品中涉及的人和事	①能就鲁迅的儿童教育观等开展问题探究。②能深入探究该散文集的编选意图。③能探究该散文集对现阶段青少年学习生活的意义
《西游记》	①能按要求抽取并概括相关情节。②能对章节回目进行类别化或结构化处理，如以角色的经历为线索等	①能精读赏析作品的情节构思、语言表现力、人物塑造方法等。②能结合作品内容评价人物	①能对古典小说中的典型写作手法有所探究，如"三叠式故事"、全知视角的运用、其他角色对孙悟空的不同称呼等。

篇目	能力层级		
	C层级：分析综合	D层级：赏析评价	F层级：探究
《西游记》		③能辩证评价古典小说中所表达的思想文化	②能探究作品在当代的现实意义
《骆驼祥子》	①能按要求抽取并概括相关情节。 ②能筛选归纳情节以印证主旨或观点。 ③能梳理人物经历线索并概括相关情节	①能赏析小说中典型的细节刻画语段和富有地方特色的语言。 ②能结合作品内容评价人物形象	①能探究祥子性格的发展变化过程。 ②能探究导致祥子最终命运的原因
《海底两万里》	①能按要求抽取并概括相关情节。 ②能筛选归纳具体事例以印证主旨。 ③能分析情节间的伏笔、照应关系	①能赏析作品语言、情感。 ②能结合作品内容评价人物。 ③能结合原著内容评价某个观点	①能结合作品的科学味、幻想味、人文味开展创新性探究。 ②能探究尼摩船长的多元性格的成因。 ③能探究次要人物在情节发展中的重要作用
《昆虫记》	①能分析概括作品中不同昆虫的特点和习性。 ②能概括作者在研究过程中所采用的主要方法	①能赏析作者对昆虫精彩的细节描写。 ②能通过语言赏析把握作者对昆虫的情感和态度 ③能结合作品对某种昆虫进行客观评价。	①能探究作品中所渗透的"大爱"情感和科学探索精神。 ②能探究作品中所展现的昆虫习性或作者态度对人类社会的启示
《经典常谈》	①能从个人某一兴趣点入手，选读本书，并概括相关知识或观点。 ②能就某个具体问题的解决，开展选择性阅读	①能欣赏本书深入浅出、易于广大中学生接受的介绍方式。 ②能通过语言赏析本书的散文特质	①能探究作品所介绍的中国传统文化经典的来历、概要及相关研究等系列化知识。 ②能由本书的阅读引发对中国传统文化经典著作的兴趣，拓展探究其中一本

续 表

篇目	能力层级		
	C层级：分析综合	D层级：赏析评价	F层级：探究
《钢铁是怎样炼成的》	①能整合概括保尔·柯察金的成长史。 ②能分类概括保尔·柯察金所接触的人物的相关情节	①能摘抄自己有感触的文段，并批注感受。 ②能赏析评价作品中的主要表达方式及穿插其中的内心独白、格言警句、书信和日记等。 ③能评价典型人物形象	①能深入探究保尔·柯察金身上所凝聚的精神品质。 ②能以标题为问题，探究作品对"钢铁是怎样炼成的"这个问题的回答。 ③能探究"红色经典"的现实意义
《艾青诗选》	①能对艾青创作的不同阶段作品进行区分和归纳。 ②能从主题、典型意象等角度分类归纳艾青的诗作	①能赏析评价艾青诗歌的语言特色和艺术手法。 ②能对艾青诗歌中的典型意象进行赏析和评价	①能探究艾青诗歌中的典型意象所蕴含的思想文化内涵。 ②能探究艾青诗歌中的历史感、民族忧患感、爱国情怀等
《水浒传》	①能对章节回目进行类别化或结构化处理。 ②能以人物为线索梳理整合相关情节。 ③能按要求抽取并概括相关情节	①能赏析古典小说的情节构思、人物塑造方法等。 ②能评价典型人物形象。 ③能辩证评价古典小说中所表达的思想文化	①能对古典小说中的艺术手法有所探究，如全知全能视角的运用，悬念、误会、巧合等情节设置，矛盾冲突的制造，单线结构的设置等。 ②能探究人物形象在类型化基础上的不同特点
《儒林外史》	①能对作品中的故事进行分类归纳，将"儒林群丑图"结构化。 ②能分析概括作品的主旨	①能赏析评价讽刺手法在古典白话小说中的运用。 ②能评价作品中的典型人物形象	①能探究作品中的多种讽刺手法。 ②能探究作品所写主要人物特点的异同。 ③能探究科举制度对文人的不良影响

篇目	能力层级		
	C层级：分析综合	D层级：赏析评价	F层级：探究
《简·爱》	①能整合概括简·爱的经历。 ②能分析概括作品的主旨	①能赏析作品浓郁的抒情色彩、内心独白、景物描写、悬念设计等。 ②能评价作品中的女性形象。 ③能对作品中简·爱的选择做出客观评价	①能探究爱的真谛。 ②能探究作品对当代女性爱情观的深远影响

中考名著考查审视：系统性阅读思维培育

成都市芯谷实验学校　杨必容

成都市双流中学九江实验学校　敬炜煊

《义务教育语文课程标准（2022年版）》对义务教育阶段学生阅读能力的要求，称为重中之重，并将"整本书阅读""思辨性阅读"等概念明确落实在了课程内容之中。这既呼应了信息化时代对个人阅读素养的需求，也向我们传达了必须重视整本书阅读的信号。

一、2022年四川中考名著阅读整体回顾

根据四川省15个市、州中考题统计分析，从内容来看，考查的名著主要是课标要求的12本必读名著，分值从4分到10分不等，比较集中的赋分是4分到7分。考查较多的名著有《骆驼祥子》《钢铁是怎样炼成的》《水浒传》《简·爱》。考查的题型主要包括填空、简答等形式。从考查的方向来看，无论是选择的书目，还是考查的形式，都落实了爱国爱党的思想教育，引导学生树立文化自信，形成积极的人生观和价值观。这也体现了《义务教育语文课程标准（2022年版）》中文化自信、思维能力的核心素养。从考查的能力点来看，在"双减"的背景下，各地的试题都尤其注重思维能力的培养，而不再强调识记类的知识。因此，只有极少部分地区出现了一些识记类题型的考查。

表7　2022年四川省中考名著考查次数统计表

序号	书目	考查次数
1	《骆驼祥子》	6
2	《钢铁是怎样炼成的》	6
3	《水浒传》	5
4	《简·爱》	4
5	《傅雷家书》	2
6	《儒林外史》	2
7	《昆虫记》	2
8	《海底两万里》	2
9	《艾青诗选》	1
10	《西游记》	1
11	《朝花夕拾》	1

二、2022年四川省中考名著试题特点

通过整理分析，我们看到2022年四川省中考名著试题呈现出以下特点。

1. 内容识记是基础

思维能力层级的发展是以前者为基础不断增加的，表现在作品中学生一定要能记得住作品的内容，才谈得上理解、分析综合甚至鉴赏评价等。所以，中考名著阅读题最基础的要求就是学生要熟悉作品、记得清内容。以2022年中考成都卷为例：

6. 同是离开潜艇到海底，尼摩船长等人到珊瑚王国和亚特兰蒂斯，目的有何不同？请结合你对《海底两万里》的阅读，简要作答。（2分）

答：_____

_____

_____

_____

7. 下面是某位同学读《傅雷家书》所作的要点概括，哪一项与傅雷对儿子的要求不一致？请结合你的阅读，作出判断并简述理由。（2分）

A. 与人交往要追求自然率性，拘于礼节则会关系疏离。

B. 身处国外要常思国家荣辱，忘记人民则会辜负深情。

C. 学习艺术要力求精益求精，骄傲自满则会止步不前。

答：_____

_____

_____

第一题考查内容识记。该题不再是考查简单的地名、人名、物品名。它要求学生必须读过作品，并且对作品的情节内容非常熟悉，对多数学生而言这并不是泛泛一读就能达到的效果，阅读后还需要对情节、人物进行梳理提炼。根据题干的提示"尼摩船长等人到珊瑚王国和亚特兰蒂斯，目的有何不同"。到珊瑚王国是去安葬死去的船员，到亚特兰蒂斯是去参观那片"失踪的大陆"。而且这道题以简答题的形式来考查，如果学生记忆不清，那就完全不能得分。

第二题同样考查内容识记，以及识记基础之上的综合分析，但是难度更大。首先，因为《傅雷家书》的文体特征、内容本身较散，学生读后可能出现"翻开书有印象，合上书很陌生"的情况。这道题给出的选项是对作品内容的概括，并要求学生对概括的内容进行判断，而且还需要阐述理由。给出的选项在一定程度上降低了难度，但阐明理由这一点又使难度提升。这道题A选项是一个"反常识"的表述，所以学生很容易选择正确，傅雷要求儿子与人相处不能率性而为，要礼数周到，礼仪得体。

2. 理解分析是重点

从各地市、州中考名著考查的能力层级来看，"理解"这个能力层级几乎是必考的。理解，是指学生能够根据材料信息建构意义，要求学生能够在已获得的知识与以前学过的知识之间建立联系，测量"理解"的试题情境必须是"新材料"，以保证考生不能以记忆来答题。在名著考查中以解答题的形式出现。以2022年中考自贡卷为例：

"爱你孤身走暗巷，爱你不跪的模样，爱你对峙过绝望不肯哭一场，爱你破烂的衣裳，却敢堵命运的枪……"今年，一首《孤勇者》火爆出圈。歌词作者唐恬与癌症抗争数年，谈到创作缘由，她说，"相比起身披战甲的闪光之人，我更想写在泥泞中奋力前行的人"。下列小说人物是"孤勇者"吗？请任选一位，结合小说情节，谈谈你的理由。（6分）

①简·爱　　　②保尔·柯察金　　　③祥子

题型分析：这道题的能力层级为理解。题干借热门歌曲《孤勇者》引出考查的主题，考生首先需要理解题干想表达的"孤勇"，即虽然孤独，却能勇敢与命运抗争的人。理解主题之后，需要考生从三个选项中做判断，哪个人物更符合主题，同时要结合小说情节来说明理由，这也考查了学生对情节的概括、论证能力。在三个选项中，最为典型的是保尔·柯察金，其次是简·爱。考生存在疑惑的应该是祥子这个人物，这可以成为一个开放性的答案："虽然祥子经历了孤独抗争，但最终放弃、失败了。"或"祥子虽然最终放弃、失败了，但他经历了孤独的抗争。"两种表述，得出两个截然相反的答案，因此这个选项只要考生言之成理即可。

3. 专题探究是方向

2022年中考名著越来越倾向于以主题探究、专题探究等形式，横向综合几本名著进行考查，如德阳、凉山、自贡、遂宁等地，都采用了专题探究的方式来对文学作品进行概括、整合。《义务教育语文课程标准（2022年版）》中明确提出课程内容的组织与呈现方式，以学习任务群的形式来组织。其中的思辨性阅读与表达（本学习任务群旨在引导学生在语文实践活动中，通过阅读、比较、推断、质疑、讨论等方式，梳理观点、事实与材料及其关系；辨析态度与立场，辨别是非、善恶、美丑，保持好奇心和求知欲，养成勤学好问的习惯；负责任、有中心、有条理、重证据地表达，培养理性思维和理性精神）。

三、2023年四川省中考名著阅读复习建议

针对2022年四川省中考名著阅读表现出来的特点，笔者在此提出几点关于2023年四川省中考名著阅读的复习建议。

1. 注重主要人物、关键情节的识记

虽然现在考查书名、人名、地名等的题型已经非常少了，但其他能力层级是以内容的识记为基础的。因此，广大师生在阅读时，需要有"任务意识"，以任务驱动、分板块对名著进行梳理，巩固记忆。

2. 注重人物形象的比较分析和人物群像的综合探究

在中考必读的12本书中，故事性文本占了8本。对故事性文本来说，最重要的是以人物为核心，梳理清楚人物相关的情节内容。在此基础上，学生要有对人物的深刻理解，可以采用人物的纵向比较、人物的横向比较和人物间性格的区分等方式，对人物自身的性格变化、不同人物之间的区别进行比较，加深对人物的理解。

3. 注重跨书本的专题探究

名著阅读题分值小，但考查范围广，这样的特点决定了命题人倾向于多文本之间的互动考查，所以学生在复习的过程中应该注意横向比较不同文本之间的异同，发现他们在人物形象、思想表达等方面的关联。

4. 注重个性化的阅读体验，并进行自主性和批判性表达

教师要注重真实情境的创设，将名著内容与议论文写作练习结合起来；可以设计一些与学生生活相关的题目，放在任务型写作中；可以采用读写结合的方式，关注真实情境的运用。

5. 注重阅读策略和方法的考查

作为课内必读名著，人教版统编教材对每本名著都有相应的阅读策略指导，而掌握阅读方法本就是基础教育阶段的学习重点，所以学生也应当注意梳理12本名著所重点示范的阅读策略和方法，并能够以篇到类，拓展延伸。

第三章
整本书阅读课堂辑

有谁不认同名著阅读给予人生的价值？然而事实上又有多少学生能真正将名著视为自己的精神食粮？

名著阅读望而不食，食而不化，化而不用，症结多半在于引导者。教师悱恻而引、引而待发、发而中节的技艺，岂非一朝一夕之功也。

本章七文非严格逻辑意义划分，乃适用操作的简单切割。若能隐约透视散文阅读、诗歌阅读、小说阅读的影子，引发教师对革命文学、中华优秀传统文学的教学关注，其殆庶几乎。

回忆性散文的诗意阅读

双流西航港二中　杨南　罗廖

【目标定向】

《朝花夕拾》作为一部回忆性散文集，有许多桥段可供读者品读。首都师范大学中文系教授王景山这样点评：《朝花夕拾》不是小说，却细致入微地刻画了一批栩栩如生的人物形象；不是传记，却提供了鲁迅早年的一大批鲜为人知的传记材料；不是历史书，却使人从中看到了近代中国历史的若干重要而生动形象的侧面；当然更不是民俗学著作，但它却涉及并记叙了那么多的城乡风习。

《朝花夕拾》作为初中生接触的第一本名著，在教学上有着举足轻重的作用。阅读整本书，笔者一直倡导通过前期导读课、中期推进课、后期展示课这几种课型来组织、推进学生的阅读，激发学生阅读兴趣，提升学生阅读质量，让思维与情感深度参与。本文以中期推进课为例，抓住阅读《朝花夕拾》的两个关键：从一个个典型人物为突破口，从"昔日之我"与"今日之我"两个视角，探讨鲁迅对这些人物及人物群像寄托的情感、态度，洞察作品折射的世态人情和时代风貌，进而感受和理解鲁迅这位中国现代伟大作家的生与死、爱与恨、挣扎与超脱，并期望用一堂堂有序、有效的课教会学生阅读和思考。

【课堂辑录】

朝花夕拾人物故事会

课镜一：人物速记

师：为了检查同学们的阅读情况，接下来我将出示几组图片（图片略），请大家快速说出相应的人和事。

生1：这是长妈妈——《阿长与〈山海经〉》

生2：第一幅图是长妈妈睡觉摆"大"字，她一到夏天，就伸开两脚两手，在床中间摆成一个"大"字，挤得鲁迅没有余地翻身。第二幅图是阿长给鲁迅买《山海经》。

师：很好，你不仅举手很快，而且回答得很正确，还记得对应的事件，很好。接下来看第二组图片。

生3：第一幅图是三味书屋。

师：（追问）那这个高而瘦的人呢？

生3：寿镜吾老师，这篇文章是《从百草园到三味书屋》。

师：观察细致入微，文章篇目记得很准确，接下来挑战第三组图片。

生4：这是《琐记》里面的衍太太。

师：你怎么猜到的呀？

生4：漫画可以看得出来这是衍太太在怂恿孩子们冬天吃冰，她还在一旁鼓励说："好，再吃一块。我记着，看谁吃的多。"

师：这名同学对细节都记得如此清楚，真厉害。而且我发现举手的同学越来越多了，为大家积极认真的回忆而点赞。同学们还有两组猜图，抓住机会。

生5：第一幅图是鲁迅的父亲，来自文章《父亲的病》，第二幅图是寿镜吾老师。

师：说说你的依据。

生5：我看到第一幅图有"原配蟋蟀一对"之类的提示，这应该是所谓的"名医"给父亲开的药方，第二幅图我觉得坐着的人挺高而且挺瘦的。

师：（发现还有很多同学举手），你说说。

生6：第二幅图应该还是鲁迅的父亲。

师：你猜测的依据是什么？

生6：我观察到那个小朋友背着手，那个男人坐在凳子上，这种场景有点像《五猖会》所描述的，鲁迅心心念念想去看五猖会，父亲却让他背《鉴略》。

师：虽然两名同学的回答有出入，但是他们都对相应的人和事能说出自己的依据，这就很不错。下面来看最后一组。

生7：图中的人物是鲁迅和他的朋友范爱农，出自课文《范爱农》。第二幅图我有些印象，符合酒楼叙事，"我"和范爱农在一起喝酒。

师：同学们的回答让我们快速识记了《朝花夕拾》中六位主要人物，那谁来说说他们与鲁迅的关系呢？

生8：作者的保姆（长妈妈）、作者儿时的私塾老师（寿镜吾）、作者的邻居（衍太太）和父亲、恩师（藤野先生）、朋友（范爱农）。

（学生边说，思维导图随即呈现）

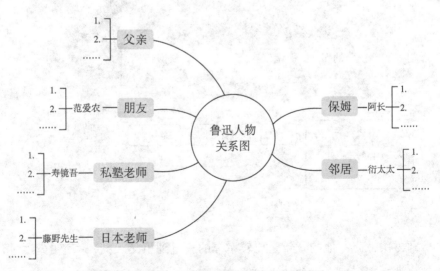

图1 鲁迅作品人物关系的思维导图

师：我这里做了小小的分类，同学们能发现分类的理由吗？

生9：左边关系很近，右边关系很远

生10：阿长是鲁迅的保姆，与鲁迅朝夕相处、亲密无间，这关系应该也很近了哦，所以我不太赞同你的说法。

生11：应该按性别划分的，左边男性，右边女性。

师：是的，老师划分的理由很简单。那从情感来划分，假如划分为两大类，你又会怎样划分呢？

生12：既有赞美生命之美好：阿长、藤野先生、范爱农等，也有批判人性丑陋、社会病态的衍太太、"名医"等。

师：谁能从时间上再来梳理下他们的出现大致与鲁迅的哪些人生阶段息息相关呢？

生13：从时间来看，这些人与鲁迅的幼年时光、南京求学、日本求医，最后回到绍兴四个人生重要阶段息息相关。

师：你能不能把作品中的这些篇目与这四个阶段对应起来呢？

（学生走到讲台将篇目放入对应的阶段）

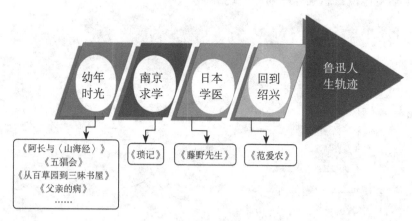

图2　鲁迅人生轨迹的鱼骨图

师再次补充：他的童年是比较幸福的，直到祖父入狱，家道中落之际，童年也就走到了尾声。他的少年境遇是艰难的，直到父亲病死，进一步感受到人情冷暖、世态炎凉，从而萌生了跳出科举制，外出求学的想法。他的青年是辗转求索的，以求学为主线，从国内到日本再到国内，家国情怀、个人发展屡受挫折、抱负成空、故友早丧，但鲁迅坚忍等待，从未放弃。

师小结：刚刚和同学们快速识记了《朝花夕拾》的六位主要人物，我们不难发现，鲁迅先生十分注意刻画人物形象。我们回顾一下，为什么我们对这些人记忆如此深刻呢？我们难忘的究竟是什么呢？

生14：是一件件事情。

生15：每个人物有自己的个性。

师：是的，鲁迅先生特别善于摄取生活中的小事或小细节，来写出人物的神韵，揭示事情的本质。所以我们在阅读时，可以从事件来加以分析，理解人物形象等。

课镜二：时空对话

师：通过阅读《朝花夕拾》这本书，我们不仅看到了许多难忘的人和事，也看到了在时空隧道中回望的鲁迅。其实仔细品读，你会发现处在不同时期的作者看待同一件事、同一个人的态度是不一样的。你既可以感受到天真烂漫的童年视角，又可以感受到凌厉超拔的中年视角，中晚年的鲁迅仿佛在和以前的自己时空对话。下面我们就以具体的人物为例来一探究竟，以两个女性为例，先从阿长谈起。

生16：鲁迅小时候觉得阿长身份低微，十分愚昧，厌烦她切切察察，对她讲的许多道理都不耐烦。成年的鲁迅可能更多的是在看遍人情冷暖后，回忆起阿长，体会到她难得的善良、温暖，从而怀念、感激。

师：（笑着打趣道）刚刚你说了很多，我看到你似乎拿着书，念了书上的旁批，上面注明了专家学者的见解，是吗？

学生不好意思地点点头。

师：你能结合文本相关文字具体说说你自己的理解吗？先说说你认为的愚昧。

生16：小时候阿长给我吃福橘这一段。

师：你给大家读读，然后分析下。

生16读："哥儿，你牢牢记住！"她极其郑重地说。"明天是正月初一，清早一睁开眼睛，第一句话就得对我说：'阿妈，恭喜恭喜！'记得么？你要记着，这是一年的运气的事情。不许说别的话！说过之后，还得吃一点福橘。"她又拿起那橘子来在我的眼前摇了两摇，"那么，一年到头，顺顺溜溜……"我觉得阿长想通过吃福橘就妄想一年到头都顺顺溜溜的，这种想法就很愚昧无知，书中还有很多类似的封建迷信思想。

师：我们一起来仔细研读下，评一评吃福橘这一部分。

生17：我觉得这个事件突出的是阿长的善良和对鲁迅的关心。

师：有不同的见解了，很赞赏同学们敢于发出不同的见解，但同学们一定要有理有据地来证明自己的见解，具体说说你的依据。

生17：首先这个橘子的名字就有美好的寓意，所以其实是阿长希望鲁迅生活顺顺溜溜。

生18：在写这一部分的前面有一段这样的叙述："但是她懂得许多规矩；这些规矩，也大概是我所不耐烦的。一年中最高兴的时节，自然要数除夕了。辞岁之后，从长辈得到压岁钱，红纸包着，放在枕边，只要过一宵，便可以随意使用。睡在枕上，看着红包，想到明天买来的小鼓、刀枪、泥人……然而她进来，又将一个福橘放在床头了。"文章中作者直接表明了对于这些规矩他是不耐烦的。还有"然而""又"这一些词语，表明作者的心情从最开心到烦躁的心理。不过我感觉这不叫愚昧，而是讲述阿长有许多规矩，而这些规矩鲁迅很不喜欢。

生19：还有这儿："这就是所谓福橘，元旦辟头的磨难。""此外，现在大抵忘却了，只有元旦的古怪仪式记得最清楚。总之：都是些烦琐之至，至今想起来还觉得非常麻烦的事情。"这些句子中的"磨难""古怪""烦琐""麻烦"等词语都可以感知到吃福橘这一部分对于鲁迅先生来说不是美好的回忆，这个是对于小时候爱玩、爱自由的儿童天性的束缚。

生20：但我觉得鲁迅先生现在想起来这件事，应该不是为了抨击阿长的愚昧。正如朱永浩同学念的这儿："此外，现在大抵忘却了，只有元旦的古怪仪式记得最清楚。"作者对于吃福橘记忆这么深刻，是中年的鲁迅回顾这些杂事的时候，体味到阿长渴望自己、鲁迅都开心健康，平安顺遂。

师：先从文本找找依据支撑你的观点。

生20：这部分有许多语言描写和动作描写，"哥儿，你牢牢记住！"她极其郑重地说。"明天是正月初一，清早一睁开眼睛，第一句话就得对我说：'阿妈，恭喜恭喜！'记得么？你要记着，这是一年的运气的事情。不许说别的话！说过之后，还得吃一点福橘。"她又拿起那橘子来在我的眼前摇了两摇，"那么，一年到头，顺顺溜溜……"文中要求鲁迅一睁开眼，第一句话就要说恭喜，是为了图吉利，其实从侧面也可以看出阿长命运不济，希望通过这种方式保佑自己。

师：只是为了阿长自己吗？

生20：原文说"恭喜恭喜！大家恭喜！真聪明！恭喜恭喜！"可以看出是对所有人的祝福，所以阿长很善良。

师：是呀，作者如此浓墨重彩，把每一句话、每一个动作，甚至连表情都刻画得如此细致，让人乍看之下真的是磨难，但也包含了阿长善良、关心他人的心。所以现在回过头来看，鲁迅先生现在回忆的这些事情，其实抑中——

众生：有扬。

师：我们要注意这是阿长喂鲁迅吃福橘，一个"福"字，包含了阿长对幸福平安有着最朴素、最善良的渴求，包含了对"我"最真诚的关心和祝愿，包含了阿长希望"大家顺顺溜溜"善良真诚的愿望啊。虽然我们也看到了阿长是个没有文化的粗人，但她却是民间文化的载体。例如正月初一，要孩子说"恭喜"，吃福橘；饭粒落在地上，必须捡起来，这是珍惜劳动果实；不要从晒裤子用的竹竿底下钻过去，这是讲究形象；不该说"死掉"，必须说"老掉了"，这是避讳修辞。这些民间文化正如我们现在过春节时贴福字一样，是一个道理。

师：同学们现在懂得了一个读书策略，那就是在字里行间深研文本，从而发现了许多奥秘。但我们若能从多个事件中找到关键事件来整合人物形象，关联鲁迅当下的境况，可能感受就又不一样了。谁能找到最为关键的事件来整合长妈妈的人物形象呢？

生21：我觉得在众多事件中应该重点品读阿长给我买《山海经》这一事件，而且文章的标题也提示了这才是最重要的事件。

师：这名同学很聪明，注意到了文章的标题。接下来请同学们延续研读福橘的方法继续研读这个事件。

生22：阿长历经种种困难，给鲁迅买回念念不忘的《山海经》，这让鲁迅受到了极大的震撼，并产生了崇高的敬意。

师：你怎么知道阿长历经了"种种困难"呢？

生23：因为鲁迅知道阿长并非学者，说了无益；而且从后文阿长把《山海经》叫成'三哼经'，猜测阿长应该不识字，所以去买这本书肯定会遇到很多困难。

师：接下来我来模仿一下阿长买书。

师：（走到一个学生面前）老板，请问有没有《三哼经》？

生24：啥，听都没听过。

师：（又走到一个学生面前）老板，请问这儿有没有《三哼经》这本书？

生25：啊，什么书？

师：《三哼经》。

生25：什么经？

师：《三哼经》。（众生笑）

生26：没有，没有，别挡在这儿。

师：（又走到下一个学生面前）老板，请问这儿有没有《三哼经》这本书？

生27：没有。

师：老板，烦请您一定帮我找下，这本书里画着人面的兽、九头的蛇、三脚的鸟、生着翅膀的人、没有头而以两乳当作眼睛的怪物……

生27：哦，是不是《山海经》呀，我得找找，很少人要买这本书哦。

师：这是我家少爷心心念念的书，我一定要给他买到。

生27：你对你们少爷挺好哦！

师：刚刚的演绎再现了买书的曲折过程，谁来说说你又感受到了什么？

生28：阿长买书困难重重，可能当时阿长买这本书的时候遇到的困难更多。你们看，有书买的大街离"我"家远得很，还有买这本书在那个时代别人不肯做，或不能做的事，她却能够做成功，所以鲁迅由衷地感谢阿长。

师：我们看到作者写了阿长许许多多的缺点，那这篇文章，鲁迅对阿长究竟怀揣了怎样的感情呢？

生28：可以从标题看出，买《山海经》才是重点写作的事件，因此对阿长产生了空前的敬意和感激。

生29：鲁迅的情感态度是变化的，从厌恶逐渐到喜欢。

生30：我觉得这是鲁迅先生故意这样的，为的就是欲扬先抑。

生31：结合先前的探讨，小的时候鲁迅少不更事，也许没明白"吃福橘"这些所谓烦琐的规矩，包含了阿长对"我"和"大家"的关心、爱护，包含了阿长对"大家"美好的祝福，更是包含了阿长的善良。

生32：文章最后在写完买《山海经》这一事情后，还专门补叙了长妈妈苦难的身世，所以又表达了鲁迅在怀念阿长的同时也包含了对她的同情和愧疚。

师：刚刚几名同学从不同的角度，都有理有据地说出了鲁迅的所思所感。我们再结合鲁迅当时的写作背景来看看。

师：《朝花夕拾》是鲁迅1926年所作的回忆散文集，共10篇。最初在《莽原》杂志发表时总题目为"旧事重提"，1927年编辑成书，改为现名。鲁迅在写作这些作品时正经受着北洋军阀和各种敌对势力的严重压迫。1925年他因支持学生运动，受到"正人君子"们各种"流言"的攻击和诽谤，1926年3月18日北洋军阀政府枪杀进步学生，鲁迅受反动政府通缉，不得不到厦门大学任教，后又受守旧势力的排挤。在这样的处境中，鲁迅曾说："这时我不愿意想到目前；于是回忆在心里出土了。"

师：结合这段文字，我们再读阿长给"我"买《山海经》，你又有什么解读？

生33：这是一本回忆性的散文集。

生34：从"这时我不愿意想到目前；于是回忆在心里出土了。"这句话，可以看出作者虽然写的是儿童时期的事情，看似阿长有许多缺点，但作者故意采用先抑后扬的手法，是为了突出阿长质朴善良、仁厚慈爱的特点，而现在回想起更觉得这份温暖、这份善良弥足珍贵。

生35：吃福橘和买《山海经》是重点回忆的两个事件，前者体现了阿长对"我"的真诚关爱，后者又体现了真正关心"我"、重视"我"，封建社会教育封闭，孩子的天性常常被扼杀，阿长一个保姆、一个文盲，生活在最底层，却用自己的努力给一个孩子带来了精神上的些许满足，所以作者才会逃离排挤的现实，躲进回忆，寻求美好人性。

师：同学们的分析很棒，结合了多个事件、多处细节、多篇文章，学会了在多个事件中找关键事件品读，也结合了时代背景来知人论世，从而看到了两个不同的世界：一个是温暖的童年世界，一个是纷扰的现实世界，这些都是很好的阅读习惯和方法。

那接下来，我们依照刚刚的解读来说说作者笔下另一个重点的女性人物——衍太太。

师：我们先把多篇文本中关于衍太太的事件整理出来。

生36：衍太太在《琐记》和《父亲的病》两篇文章中出现。她在鲁迅的父亲临死时，一直怂恿他喊父亲的名字，鼓励小孩子吃冰，怂恿鲁迅看黄色书籍，唆使鲁迅去偷母亲的首饰并散布谣言。

师：概括得很到位，我听到你还用了很多这样的词语："怂恿""唆使""散布谣言"，这些词语带有明显的感情色彩，但之前与同学们交流，有相当一部分同学都认为衍太太挺好的，接下来我们有理有据地评论衍太太。

生37：小时候鲁迅先生认为衍太太是一个热情、友好、善良的人。现在回想起，却发现衍太太是一个心术不正的、自私自利的、爱推卸责任、令人憎恶的市侩形象。在鲁迅小时候，对于大人的好坏分得还不是很明确，以为她是真心对孩子们好，后来长大成人了才明白好与坏的真正区别。

生38：衍太太就是个心机妇女。

生39：表面和善、内心腹黑。

师：刚刚同学们直接评价了衍太太，但相应的依据还没有很明确，请同学们结合语段的细节来具体说说。

生40：衍太太第一次出现是在《父亲的病》这篇文章，文中说："她是一个精通礼节的妇人。"然后在《琐记》中写道：无论我们惹出什么乱子，衍太太都不会告诉父母；看见我们吃冰，也十分和蔼地笑；假如孩子的头上碰得肿了一大块的时候，要被母亲骂一通，但衍太太却绝不埋怨。所以许多小朋友总喜欢到她那儿去。

师：那这样看来，衍太太可是很替孩子们着想呀。

生40：但现在鲁迅长大了，他意识到所谓的"不打小报告"，其实是十分不利于孩童成长的，特别是那件，一边鼓励孩子打旋，可等到大人来时，又马上甩锅，责备孩子，真的是太虚伪了。

师：是的，在上一篇《父亲的病》里，鲁迅虽然简略交代过，衍太太"她是一个精通礼节的妇人"。"精通"二字在成年的鲁迅看来是略含讽刺的。但在《琐记》里，她一出场，鲁迅就以反语写出了人物之恶，褒贬情感显豁鲜明，而且作者的刻意反讽修辞也张扬得格外明显，甚至还有点夸张了。大家看"她对自己的儿子虽然狠，对别家的孩子却好的"，这有点使人愕然吧？

生41：这简直违背常理，乍看之下，衍太太对小朋友宽容，实际上是不关心、不在乎别人家的小孩儿。

生42：正如刚刚所学，我觉得写衍太太，重点写了衍太太唆使"我"去偷母亲的首饰并散布谣言，这真的是在荼毒小孩子的身心健康。文中写了这样一长段语言："'母亲的钱，你拿来用就是了，还不就是你的吗？'"我说母亲没有钱，她就说可以拿首饰去变卖；我说没有首饰，她却道，"也许你没有留心。到大厨的抽屉里，角角落落去寻去，总可以寻出一点珠子这类东西……"这真的是太邪恶了，教别人家的孩子学坏。"大约此后不到一月，就听到一种流言，说我已经偷了家里的东西去变卖了，这实在使我觉得有如掉在冷水里。流言的来源，我是明白的，倘是现在，只要有地方发表，我总要骂出流言家的狐狸尾巴来，但那时太年轻，一遇流言，便连自己也仿佛觉得真是犯了罪，怕遇见人们的眼睛，怕受到母亲的爱抚。"小的时候鲁迅已经被流言刺痛，所以现在更加痛恨流言。

师：鲁迅在《并非闲话（三）》说过："我一生中，给我大的损害并非书贾，并非兵匪，更不是旗帜鲜明的小人，乃是所谓'流言'。"可见小时候的经历给鲁迅造成了很深的心理阴影哦。这种切身经验和切肤之痛，会影响，甚至会主导当事人的生活和生命的轨迹。所谓人生早期经验的重要性乃至决定性正在于此。

师：对比阿长，我们可以看到，写作手法正好相反，是——

众生：欲抑先扬。

师：衍太太对于鲁迅来说是一位比较特殊人物存在。在鲁迅众多的文章里，衍太太是第一位被鲁迅仇视的女性。其情感的变化，也源自作者年龄、阅历的变化。我们可以看到鲁迅孩童时期的天真烂漫，也可以感受到中年时期的冷峻审视。

师：所以，我们在阅读回忆性散文时，一定要注意叙述的双重视角。同学们很棒，与同学们一起对话、分享、交流真的是一件乐事。现在我们能够更进一步理解书名《朝花夕拾》的意思了。

生42：朝表示早上，夕表示晚上，本意是早上的花晚上来捡。暗喻幼年的事晚年再去回想。

生43：资料上写道："我有一时，曾经屡次忆起儿时在故乡所吃的蔬果：菱角、罗汉豆、茭白、香瓜。凡这些，都是极其鲜美可口的；都曾是使我思乡的蛊惑。……唯独在记忆上，还有旧来的意味留存。他们也许要哄骗我一生，使我时时反顾。"所以，鲁迅是想用回忆来暂时逃避现实。

生44：《朝花夕拾》原名叫《旧事重提》，侧面地反映了鲁迅青少年时期的生活，形象地反映了他的性格和志趣的形成经过。

师追问：那你认为哪个书名更好呢？

生45：我更喜欢《朝花夕拾》这个名字。因为这部作品饱含着浓烈的抒情气息，而且这样的书名更文艺，更生动形象，表达更加含蓄。

师：写这部作品时，鲁迅明知童年已逝，且童年也不尽是快乐，可依然忍不住一次次回望，用温暖的文字消减现实的悲凉，所以我也觉得《朝花夕拾》这个名字更能贴近鲁迅的心境，也暗示了阅读这部作品，一定要关注双重视角。

师：今天这堂课，很高兴和同学们共读了名著《朝花夕拾》，这本名著引领我们走进了一座文学殿堂，为我们展示了一幅幅多姿多彩的人生画卷。我们梳理了《朝花夕拾》的主要人物，探究了主要人物的性格，以及对于鲁迅先生成长的影响。我们可以以本课为例，整理出阅读写人记事类作品的"读书秘籍"。同学们自己小结下阅读回忆性散文可以采用哪些策略呢？

生46：阅读回忆性散文集可以从人物入手，关注人物的事件，从而把握作者的情感。

生47：阅读回忆性散文集要结合作者的相关经历，从而知人论世。

生48：阅读回忆性散文集还要注意作者当下的处境，看他重点回忆了什么，并要深入思考这样安排的缘由。

师：几名同学很善于提炼学习方法。我们再次明确下：回忆性散文集以人物形象的塑造为主要目的，所以把握人物及人物关系是解读写人叙事类作品的一把钥匙，以此为突破口，可以走到人物和作品深处，这样才能洞察作者的思想和感情。就本节课而言，阅读回忆性散文集时，我们要关注事与人物相关的事件，注意叙述视角，还要结合写作背景，知人论世。

师：今天的课就上到这里，希望同学们课后能研读更多的写人记事类的回忆性作品。

【教学反思】

共情同行：《朝花夕拾》推进课教学反思

一、与生共情：心情灵犀一点通

于漪先生曾说："教师提问的角度、运用的语言要符合学生的心理特点，这样学生就会一下子被你触动。"笔者深以为然。

为了激发学生的阅读兴趣，笔者冥思苦想：怎样去拉近学生与鲁迅这位战天斗地的"荷戟战士"的距离？最终确定了从《藤野先生》切入，让学生与文豪共情：没有存在感的中等生，容易被人忽略；同是中等生的鲁迅却受到了一位日本教授的格外关心。

没想到，避开了鲁迅头顶的光环，反而拉近了师生的距离，拉近了孩子们与经典文本的距离。一个学生说："没想到大革命家、大文豪居然是中等生！跟我差不多呢。"由此打开了话匣子，教学进入了环节二：看图猜人物说情节。

这个环节的设计，笔者花了很多心思。为了检测学生前期的阅读效果，提供的漫画最好不要太直白，但又要留有线索，让学生想得到也说得出。前后对比了几十幅漫画，最后选择了画面精美、有悬念又有线索的9幅。

出示图片时，学生们十分雀跃地回答问题。

有的学生读书非常仔细，连衍太太怂恿孩子们冬天吃冰，还在一旁鼓励说："好，再吃一块。我记着，看谁吃的多。"都记得清清楚楚。讲的时候还转了转眼珠子，俨然一副市井小民的嘴脸。

于漪说："在课堂教学中，要激发和培养学生的兴趣，首先要抓住导入课文的环节，一开课就能把学生牢牢地吸引住。"基于学生、发展学生，基于阅读、超越阅读，是本真语文工作室构建整本书"生态化阅读课程"体系的核心理念。从这个理念出发，基于学生体验设计导语，用趣味活动激发学生阅读兴趣，在呵护阅读兴趣的同时提高阅读品位，进而探索形成整本书的

"生态化阅读课程"实施路径。

二、守望成长：给予学生两把钥匙

王荣生教授在《散文教学教什么》中提出了回忆性散文的四大文体特征：表达作者主观情感、自我个性鲜明、双重叙述视角、追求自我统一性，并进一步指出双重视角、两种情感这样多层次、多情感的写法是回忆性散文的特点。

统编版语文教材七年级五个散文单元提示强调的是四种阅读方法；八年级上册二单元的单元导语中要求单元学习要了解回忆性散文、传记的特点。《朝花夕拾》虽然放在七年级，但观照整个初中阶段的散文阅读要求和文本自身的价值点。笔者把教学目标设定为：通过精读细思，分析"今我"与"昔我"在不同时空中的生命状态，帮助学生在思辨阅读中走近多面鲁迅。要实现这个目标，需要给予学生打开回忆性散文的两把钥匙：叙述视角和知人论世。

磨课时，学生在梳理人物与鲁迅先生关系的过程中，产生了疑问：为什么作者记录的是这些人而不是那些人？是这些事而不是那些事？

回忆性散文是作家在特定的情境下，以现在的眼光对过去的特定情境中的人、事、物的转码叙述。回忆中的人、事、物是真实的，但又不是精准复刻。它们是作者在生命历程中的特殊经验，但却是经过作者现在的特殊经历唤醒、转码后的再创作，与作者写作时的经历息息相关。回忆所展现的不完全是历史现实，而是作者融入了当前的情绪或当前的需求，进行了选择、变形和重构后展示出来的心语。简言之，回忆性散文就是作者重新进行多重认知的集合。它有对社会、对历史的审视，也有对自我、对他人的再认知。

所以，阅读回忆性散文，学生必须时刻关注到贯穿整本书的人物："我"。在文本中，"昔我"与"今我"的双重视角，是回忆性散文的特质，值得学生去精读细思。

单元目标虽然没有明确提出双重叙述视角这个特质，但在《从百草园到三味书屋》的"积累拓展"第五题中提问："文中那个活泼可爱、尽情玩耍的小鲁迅宛在眼前，你看到文字后面那个拿笔写作的'大'鲁迅了吗？你觉得这个'大'鲁迅是带着怎样的情感来写本文和《朝花夕拾》中其他文章的？"就明确指向双重叙述视角。

关注双重叙述视角需要关注以下几个关键点：

（1）文本中时间空间转变的词语。例如《藤野先生》北京、仙台的时空转化。

（2）关注标题、开头、结尾及文段中的关键语句、抒情议论句。例如，《阿长与〈山海经〉》中，作者对阿长的祝福，《无常》中作者对无常的评价。

（3）关注人物的细节描写。例如，作者对长妈妈的"三哼经"的揣摩，衍太太教唆孩子偷东西的语言描写等。

在《朝花夕拾》中，同一人物在多篇文章中出现，彼此联系，需要教师进行多篇整合，让学生多方面立体化地感知人物形象。

只观照了"昔我"与"今我"的情感差，并不能真正消除与经典的隔膜，也不能彻底解决回忆性散文的偶然性与必然性——写长妈妈而不是李妈妈的问题。教师还需要交给学生另一把钥匙：知人论世。

1926年，因痛斥北洋军阀的滔天罪行，鲁迅先生上了北洋政府的通缉名单，开始了颠沛流离的生活。在人生的低谷期，他面对人情的冷酷、迷茫的未来，内心郁结，苦闷不堪。他开始了对自我的审视，对儿时接收到的真情假意进行了反思。作者当时的人生状况决定了他写的是这件事而不是那件事，是这个人而不是那个人。

正因为作者流离失所，饱尝了人情冷暖，才有了对长妈妈——这个在童年给予过他温情的人的祝福，有了对衍太太——这个表面热情却包藏祸心的人物的审视。一个寄托着作者对真情的呼唤，一个暗藏着对现实的批判。

学生如果只是停留在文本的叙事层面，就无法读懂作者的回忆其实是现实境遇的折射，也就无法真正理解文本中的"今我"。

此时教师适当补充写作背景，用知人论世的方法，让学生站在"今我"的情境中去理解作者特殊的情感与反思。此处的知人论世，绝不是作者生平成就的泛泛而谈，而是对作者写作文本的那时那刻进行的深入解析，选择恰到好处的助读资料，打开学生与文本中"今我"对话的时空隧道。

余党绪说："'读懂'，是整本书阅读教学的基础，是对阅读状况的一个基本判断；'读对'，是整本书阅读教学的核心。教学意义上的整本书阅读，'读懂'是不够的，因为读懂了，未必'读对'了。"因此，教师要引导学生拿着两把钥匙，参照今昔，思辨分析；发展实证、推理、批判与发现的能力，增强思维的逻辑性和深刻性，认清事物的本质，辨别是非、善恶、美丑，提高理性思维水平，从而达到"读对"的目的。

三、专题阅读：让一朵花叫醒春天

笔者呈上的前篇课例也是一堂人物专题研读课。整本书阅读专题研读，不仅能有效促进学生的深度阅读，还可以获得整本书专题阅读经验。

《朝花夕拾》是初中语文教材规定阅读的唯一一本散文集，书中人物交错出现、前后互补，交叉对比，使单篇文本形成关联；每个单篇有自己的教学价值，整合起来又彰显专题阅读关联价值。以专题阅读任务为抓手，教师可以在语言风格、表现手法、情感主旨、艺术特色等方面构建群文阅读的关联。

初一学生对本书中故事情节有一定的兴趣，但由于阅读经验有限，很难深入到文本内部读懂鲁迅的内心情感，特别是对比较隐晦、理性的批判，更容易忽略。本书的单篇作品有一定的独立性，但同一人物在不同篇目中会重复出现，有一定的关联性。教师在进行专题研读课设计时，需要帮助学生有效运用"梳理"的方法，把文本读通读透。

课例的第一个环节就是一个梳理活动，把人物的个性色彩梳理清楚，同时要注重分类、整合人物特征。课堂上整理出人物关系思维导图之后，教师可以引导学生进行辨析比较。例如，同样是老师，但是作者叙述的侧重点有很大差别。作者敬重寿镜吾先生方正、质朴、博学的品质，对"藤野先生"则赞美他的人道主义精神。鲁迅先生对两位老师的叙述折射出他的成长与觉醒。

人物的性格、外貌、神态、语言、态度等都可以进行分类梳理。书中的人物可以分成：男人、女人、动物、鬼神四类重要形象；通过精读细思，画出人物有关的句子，并做上批注；概括与人物有关的情节；找出人物相关的背景和身份；抓住细节描写、正侧面描写，分析人物形象。

梳理不是最终目的，梳理过后的辨析和比较才是研读活动的关键。教师要引导学生探究人物性格与人物命运的关系，从而看清人物折射出的社会现状。

除了人物专题，本书中还描述了多姿多彩的地方民俗，如《从百草园到三味书屋》中美女蛇的故事；《阿长与〈山海经〉》放福橘、吃福橘、说福语的春节习俗；《狗·猫·鼠》里有"翻筋斗"的猴，"请安"的母象，有中国《北史》关于"猫鬼"之说；《五猖会》里描绘了迎神赛会和充满意趣的民俗文创产品。这是非常具有亲和力的一个话题，教师可以设计一些采风活动，让学生一边梳理，一边与实际生活联系起来，形成阅读成果和采风成果，有入有出。

除此之外，教师还可从以下角度进行专题阅读：

表1　专题阅读目标

专题名称	专题阅读目标
鲁迅少年的精彩生活	通过梳理书中的游戏、故事、作者少时的有趣经历，了解不同时空儿童的生活，丰富学生的生活体验
中华民族"民族之魂"的成长历程	通过分析书中每个单篇选材的独特性，以及作者的心理成长，构建作者的成长阶梯图，了解作者成长的心路历程
无奈的幽默与辛辣的讽刺	通过品析文中的反语、夸张、讽刺，归纳出作者的语言风格和常用写作手法。

阅读探究的成果可以通过小报、思维导图、画像小传、随笔、评论、小论文等形式展现。教师还可以根据专题特点设计创新评价任务。例如，在充分了解人物性格特征之后，可以更换叙述人物改编故事：用无常的视角来叙述庸医为父亲治病，用长妈妈的视角来讲迅哥小时候的故事……用新的语言表达形式设计评价任务：迅哥三味书屋一日游，发朋友圈文案配图，书中其

他人物来留言评论……

学生在自选任务驱动下积极学习，阅读梳理、鉴赏探究，思辨与情感深度参与，在阅读中达成思辨阅读与深度阅读的能力提升。教师要通过导读课、推进课、专题课、展示课帮助学生对阅读计划进行详细的规划，并导控阅读进程，精心设计阅读专题及任务，帮助学生习得良好的阅读习惯与方法。

从一个专题开始，向更深更远处漫溯，让一朵花叫醒整本书阅读的春天。

一课短，一生长。阅读之路无穷尽，与生同行，彼此成就。

当铃声响起，惊艳于学生们的才思与成长，遗憾于那些在课堂上没有抓住的灵光。笔者意识到：叙述视角的转换不应当只是把文字呈现出来，应该引导学生们由此及彼，深入分析，适当时更要加入背景助读，帮助学生领会鲁迅作品中的理性批判……

成长小说的深度阅读

四川天府新区十一学校　叶柯男

四川天府新区华阳中学　杨冬梅

成都棠湖外国语学校　程雪晴

【目标定向】

　　"成长小说"源起西方，于20世纪初被引入中国，美国学者莫迪凯·马科斯的论文《什么是成长小说？》指出，成长小说展示的是年轻主人公经历了某种切肤之痛的事件之后，或改变了原有的世界观，或改变了自己的性格，或两者兼有。这种改变使他摆脱，并最终把他引向了一个真实而复杂的成人世界。初中语文统编版教材要求学生必读的12本名著，其中和"成长"主题相关的作品有《钢铁是怎样炼成的》《简·爱》《骆驼祥子》三部，皆以主人公的成长为情节线索，是典型的"成长小说"。同为"成长小说"，主人公保尔·柯察金和简·爱分别经历了各种艰辛曲折的成长历程，展现了他们身上善良、坚毅、勇敢等优秀的性格品质，传递了人性中的温暖，以传播真善美为价值取向，给予青少年读者强大的精神力量；而祥子的不幸遭遇使他最终走向堕落，则成为一个反向成长的典型，虽不能作为初中生学习的榜样来给予他们前进的动力，但是透过祥子失败的经历，可以引起青少年读者的反思，引导他们避开成长道路上的种种诱惑和陷阱，这样的反面教训，同样具有教育意义。成长小说对初中生的影响是巨大的，青春期的学生处于一个认识世界和认识自我的关键阶段，情感的不稳定性使他们容易受到外界的影响，需要榜样的力量来帮助他们成长，这时候书籍或许会成为解除青少年困惑的良药，书中人物的经历和精神会对他们的成长造成影响。

既然"成长小说"如此重要，那么教师在教学时更需要把握以下三点：首先，教会学生梳理小说情节，提取重要信息，整理关键事件，在脑中形成多而不乱的人物成长图例，学会对成长类小说主人公成长足迹的觉知，从"见他人"到"见自我"，通过别人的故事，来思考自己的人生，因此在教学设计上需要从"文本"理解"文本"，再从"文本"认识"自我"，最后通过"文本"感悟"社会"；其次，多角度分析主人公结局的成因，从不同视角对成长类小说进行精准解读，如"主人公视角""创作者视角""读者视角""整合融通视角"等，让学生更深入地分析人物形象，理解小说主题；最后，通过真实的任务情境和问题驱动，建立任务群，促进学生对《钢铁是怎样炼成的》《简·爱》《骆驼祥子》三部作品进行深度理解，让学生初步掌握"成长小说"的文体知识和阅读技巧，感悟理解"成长"主题的审美价值和内涵。

【课堂辑录】

玩转"大富翁" 决胜"成长策"

课镜一：三个起点，三段路线

任务：请根据《钢铁是怎样炼成的》《骆驼祥子》《简·爱》三部小说，为游戏设计三条路线图。

PPT呈现：

（1）各小组根据要求，自行设计棋盘，棋盘路线有三条：第一条为保尔的成长经历，第二条为简·爱的成长经历，第三条为祥子的成长经历。

（2）以六人小组为单位，先补充所选人物经历的主要事件，完成不同阶段的划分。

（3）小组内进行路线图的编写和完善。

（4）各小组推荐代表进行全班展示，其余小组可补充发言。

（5）全班评选出"最佳路线图"。

师：各小组可以选择三部小说中自己喜欢的人物进行路线图设计。

学生梳理展示：

小组一：

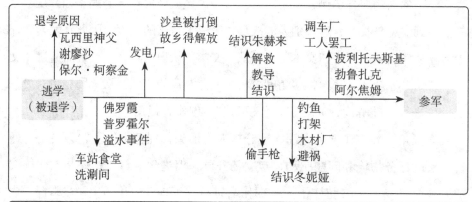

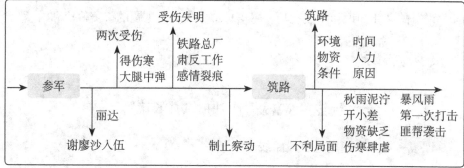

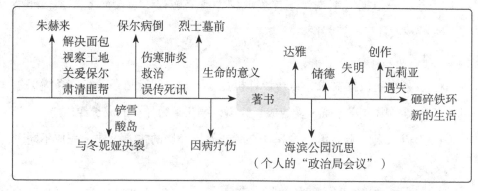

图3　《钢铁是怎样炼成的》中保尔·柯察金成长路线

小组二:

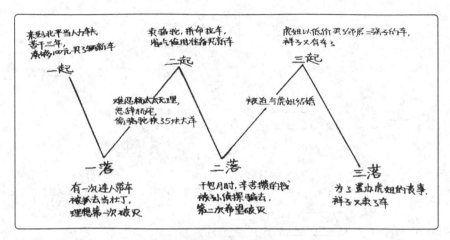

图4　《骆驼祥子》中祥子成长路线

《骆驼祥子》中主要人物祥子的人生路线:祥子来到城里拉车→赁破车练腿→换新车拉包月→坚持3年,凑够一百块钱买了自己的车→为多赚钱,被兵抓去,失去车→趁军营混乱,牵着骆驼逃跑→卖骆驼,换35块大洋→病倒,得"骆驼祥子"绰号→病好,在人和车厂安家→一心一意拼命赚钱→虎妞特别关爱祥子,刘四爷不满→在杨家拉包月受气→去曹家拉包月→拉车中摔倒,对曹先生内疚→曹家对祥子很和气,他感到有希望→高妈劝他把钱投资或存银行→虎妞告诉祥子自己怀孕,让他给刘四爷拜寿→茶馆遇到饿晕的老马、小马→被孙侦探拿走所有的钱→阮明告发曹先生→曹先生离开北平,祥子重回人和车厂→祥子帮忙刘四爷生日→生日会上,刘四爷和祥子虎妞决裂→祥子被虎妞假怀孕骗婚→祥子想用虎妞的钱买车,被拒→虎妞买下二强子的车→二强子逼女儿小福子卖身→虎妞真怀孕,祥子雨中拉车病倒→虎妞难产而死→为给虎妞办丧事,祥子卖车→小福子向祥子表达爱意→祥子在夏家拉包月→夏太太引诱祥子→祥子赶刘四爷下车→曹先生答应收留祥子和小福子→小福子上吊死了→祥子失魂落魄,走到末日。

小组三：

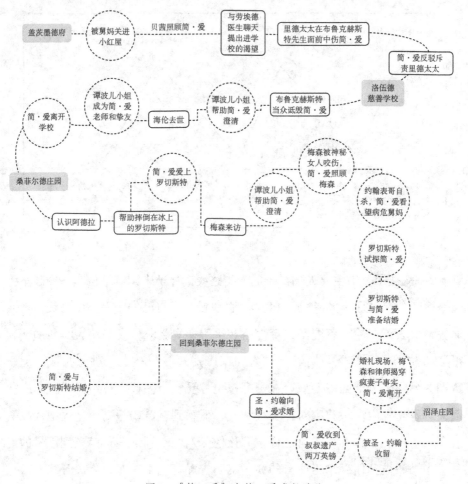

图5　《简·爱》中简·爱成长路线

师：选择不同人物作为起点，刚刚有三个小组为自己喜欢的小说主人公设计了线路图，大家来评一评，哪个小组做的线路图是最佳的，说说你们的理由。

生8：我选第一组，他们的路线图把人物经历的事件概括得非常完整。

生9：我选第三组，他们的路线图和"大富翁"游戏是最贴合的，路线曲折错落，比较美观。

生10：我觉得三个路线图都有瑕疵，第一个虽然概括全，但是路线不美观；第二组完全没有用图来呈现，只是罗列了事件；第三组路线图虽美但不清晰。这三个路线都有一个共同的问题，就是没有把三组路线融合在一个棋盘里，他们都只是大富翁棋盘的一条路线，还要全部融合。

师：大家说得都非常好，路线图除了内容要完整，也要注意设计美观，这三条线路确定以后，最后融合在一起，才是我们游戏路线图的全貌。

课镜二：几个关卡，几回遇见

师：有了游戏的路线图，我们就要来为路线图设置关卡了，大家想一想，在我们这个"成长路线图"里，哪些内容可以设置为游戏的关卡？

生11：可以是主人公成长的重要阶段。

生12：我觉得是影响人物的一些特别重要的事件。

生13：也可以把重要的地点作为游戏关卡。

生14：那重要人物应该也可以吧，不是有句话叫"英雄难过美人关"。

（生笑）

师：大家都说得很有道理，接下来请同桌讨论，三个人物人生路线你们设置的关卡是什么？

（小组讨论）

生15：我们设计的保尔成长路线将保尔逃学、参军、修路、著书作为四个关卡，这些关卡是保尔经历中的重要时间节点。

生16：我设计的是简·爱成长路线，按照对简·爱很重要的四个地方来设置的，这四个关卡是"盖茨海德府""洛伍德学校""桑非尔德庄园""沼泽庄园"。

生17：我们组把祥子人生的"三起三落"作为关卡，跌宕起伏的人生是祥子最真实的写照。

师：关卡在"大富翁"游戏中，最吸引人的不仅是达到一个阶段的关卡，更重要的是顺利完成关卡任务后，通关。下面我们一起来为关卡设置通关任务，并带着你的通关问题，化身小老师，考考同学们。

PPT呈现：

在关卡中设置过关任务，内容围绕保尔的四个阶段、简·爱在四个地点遇到的关键人或事、祥子的"三起三落"中你最感兴趣的点，设计相关问题，让同学们一起来通关。

（学生讨论，设计通关任务）

亮身份盲卡：

组1：我们组在阅读时，对于祥子这一人物的命运充满着好奇，有较强的探索欲，但探究不够深入，有贴标签的嫌疑，特别是对祥子悲剧的原因探究不够。现在我们集中围绕祥子人生经历中的关卡"三落"中的"一落"来探究祥子的悲剧原因。下面我们小组共同来汇报我们的关卡任务。

生18："一落"关卡处的任务是：探究祥子"一落"之原因。

生19：我们组给出的答案是，祥子"一落"的原因有社会方面的原因。课文11页有这样一句话："虽然不会欢迎战争，可是碰到了它也不一定就准倒霉。""衣服鞋帽，洋车，甚至于系腰的布带，都被他们抢了去，只留给青一块紫一块的一身伤，和满脚的疱。"我们感受到了当时的社会是兵荒马乱的。

师：真不错，能够深入文本，结合关键词句，分析祥子悲剧的社会原因。看来很有文本意识，读得很细致。这时候我们再说到祥子所处的社会还会说成黑暗的社会吗？不会，我们能够感受到这个黑暗的社会具体是"兵荒马乱"的，战争不断的。你们不仅给了任务，还思考了完整的答案。

生20：老师，除了社会原因，我们组认为还有性格原因。书中写道："因为高兴，胆子也就大起来了。""外面的谣言他不大往心里听，什么西苑又来了兵，什么长辛店又打上了仗，什么西直门外又在拉夫，什么齐化门已经关了半天，他都不大注意。"我们组认为他是刚买了车，高兴，胆大，没有认清事实，再加上他过于盲目自信，为了两元钱就冒险出门拉车，这里暗示着他的一落。

师：这组同学能够深入文本，结合关键词句来分析，分析到了祥子的性格不足。其实祥子的性格原因是我们在探究其悲剧原因中最容易忽略的。为什么？因为一提到祥子，我们就会想到"老实""勤劳""努力"等词语，所以这样一个我们心中的好人的堕落，我们自然会想到是社会的影响、周围人的影响。而最容易忽略祥子作为一个人自身存在的不足。大家能从多方面考虑祥子"一落"之原因，真不错！

师：不可否认，祥子自身性格存在一定问题，是他"一落"的一个原因。但是我们更应该看清这个战争不断、动荡不安、兵荒马乱的社会，祥子的这场厄运无法避免。即使他今天没有遇到大兵，谁又能保证明天不会遇到呢？这是个兵荒马乱的社会，我想"兵荒马乱"可以成为这一关卡的闯关词。

（板书：兵荒马乱）

组2：我们组在关卡"二落"处设置任务，目的是探究祥子"二落"之原因。我们设置的任务是：闯关者表演孙侦探敲诈祥子这一片段。

师：我很好奇，你们为什么要这样设计？

生21：孙侦探敲诈走了祥子买车的所有钱，探究后发现有这样几个原因：一是祥子胆小老实，他不敢和孙侦探对抗。二是孙侦探阴险、狡诈和无礼，逼迫地抢走了祥子买车的所有钱。通过表演可以表现孙侦探的霸道和祥子的懦弱。

生22：在刚才的讨论中，我们想到了一个问题：祥子为什么会被孙侦探敲诈钱呢？我们发现小说中多次提到祥子关于钱的看法。所以，我们打算在此处设置第二个任务，那就是找出小说中祥子关于钱的看法，这个任务其实太简单了，如高妈曾劝过祥子，搁在兜儿里，永远都是那么多，放出去呢，钱就会下钱。而祥子觉得钱在自己手里比什么都稳当。钱不会下钱，可是丢不了也是真的。

师：这个任务也设计得不错，从中可以看出祥子思想保守，目光短浅，胆小谨慎，除了他自己，他谁都不愿意相信。他对于钱特别看重，所以才会被孙侦探骗走钱。

生23：祥子思想保守，不愿冒风险，不愿改变。他目光短浅，使他成了一个胆小谨慎的人，我们在想此处其实还可以设计任务，让闯关者想象一下，如果祥子当初把钱进行投资，他会被孙侦探抢吗？同学们你们觉得呢？

生24：祥子为什么会遇见孙侦探？因为曹先生。曹先生因没有给阮明及格的分数而受到阮明的憎恨并被告发。孙侦探抓曹先生，曹先生临行匆忙没有顾上安排祥子，致使祥子遇上逮捕曹先生却扑空的孙侦探，被敲诈走辛苦攒来的30来块钱，彻底断送了祥子攒钱买车的希望，这是祥子被误伤，躺着中枪。曹先生逃跑可以说极大地改变了祥子的命运。

师：同一个关卡处，同学们刚刚已经设计了三个任务，在操作的时候怎么来完成呢？让闯关者同时完成三个任务？

生23：不用那么麻烦，老师您听说过"盲卡"吗？把这三个任务卡做出来后让游戏者抽取，只回答对一个即可闯关。

师：这个办法真好，同学们刚刚总结了祥子个人的原因，说到了和祥子相关的人。这里，老师想说说孙侦探。孙侦探是什么身份呢？他表面看似侦探，但是他却做着什么事？迫害知识分子曹先生，敲诈祥子。所以，孙侦探是披着羊皮的狼，是戴着面具的伪侦探。他的实质是强盗，是匪徒。我们通过孙侦探可以看到那个社会，不光是兵荒马乱的，而且是像孙侦探这样的匪徒横行的社会。因此在这个关卡"匪徒横行"可以成为闯关词汇。

（板书：匪徒横行）

组3：我们组在关卡"三落"处设置的任务也是"盲卡"，游戏者可以自己抽取。下面我请我们组的同学来给大家介绍。

生24：我们设计的任务一是，阅读文字，说说祥子"三落"的自身原因。

祥子在狂风、暴雨、烈日下，拉完车，回到家，躺在床上就昏迷不醒。病刚轻了些，他下了地。在屋里，又憋闷得慌，他恨不能一口吃壮起来，好出去拉车。身子本来没好利落，又贪着多拉几号，拉了几天，病又回来了。他的腿连蹲下再起来都费劲，他又歇了一个月！他晓得虎妞手中的钱大概快垫完了！

生24：这个的答案其实很简单，从"本来""贪着""又"几个词就可以看出祥子的要强、过于固执。大家有没有想过：如果祥子休息好了再去拉车，结果会是怎样？也许会赚更多的钱。所以，是他自己亲手断送了虎妞的性命和自己的命运。

生25：我们设计了任务二，请闯关者阅读下面文字，对比文段，并说说你的发现。

甲：收生婆，连着守了她三天三夜，她把一切的神佛都喊到了，并且许下多少誓愿，都没有用。陈二奶奶指导着祥子怎样教虎妞喝下那道神符，并且给她一丸药，和神符一同服下去。虎妞的眼珠已慢慢往上翻，陈二奶奶还有主意，不慌不忙地叫祥子跪一股高香。祥子想：既花了五块钱，爽性就把她的方法都试验试验吧，万一有些灵验呢！

乙：祥子到德胜门外去请陈二奶奶，陈二奶奶非五块钱不来。陈二奶奶和"童儿"已经偷偷地溜了。医生来一趟是十块钱，只是看看，并不管接生，接生是二十块。要是难产的话，得到医院去，那就得几十块了。祥子没办法，只好等着，该死的就死吧！

生25：对比发现，从甲段中"神婆""许下多誓愿""神符""跪""高香""万一有些灵验呢"看出社会的迷信愚昧。乙段可以看出：他去请陈二奶奶时，她说"非五块钱不来"，后面陈二奶奶和"童儿"发现虎妞已经医不好时，他们偷偷溜走了，根本不管虎妞的死活。医生没有钱，他也不会来。可以看出当时社会的残酷冷漠。

生20：所以你们的闯关词是"愚昧残忍"？

生25：答对啦！

（板书：愚昧残忍）

生19：我觉得此处你们还可以追加一个任务，作为通关后的"炸弹任务"，必须完成的。任务内容是，如果祥子没遇到大兵抢劫、侦探敲诈、妻子难产，而是幸运地买上了车，命运还会这样悲苦吗？可以用文中的句子回答，我帮大家找到了一句："铁打的人也逃不出去咱们这个天罗地网。我算是明白了，干苦活儿的打算独自一个人混好，比登天还难。"

师：我很好奇你为什么这样设计？

生19：因为底层人民他们处在一个兵荒马乱、匪徒横行、愚昧残忍的社会，他们不能好过。所以，这是底层人物的悲惨。这个"炸弹任务"的通关词汇就是"底层人物"。

（板书：底层人物）

师：前面三个组设计的是祥子的关卡任务，其他组呢？

组4：我们在保尔的关卡处设计任务，只是我们和前面的组不一样，我们制作了一套任务牌，只要经过关卡时，就任意抽取一张"盲卡"，回答问题，正确后通过。

变化的"盲卡"：

师：可以给我们展示一下你们设计的问题吗？

"盲卡一"：从保尔的基本情况看保尔

生26：请闯关者浏览、筛选信息，可以从国籍、年龄、身份、职业、社会关系等方面整理保尔的相关信息。

答案：保尔出身贫寒，他从很小就开始工作，最初在食堂做杂役，过得很辛苦，后来参加革命，当了战士。保尔后来全身瘫痪、失明，但是他靠着惊人的毅力创作了一本著作。

"盲卡二"：从保尔的兄弟看保尔

在保尔的成长路上，有两个至关重要的"好兄弟"，一个是他的哥哥阿尔焦姆，一个是朱赫来，他们在保尔的成长路上都扮演着什么样的角色呢？你能从他们和保尔的相处中看出保尔是个怎样的人吗？请结合相关语段进行分析。

答案：阿尔焦姆——保尔的哥哥；朱赫来——保尔走上革命道路的最初引领者和领导人，沉着干练，富有组织能力，启发和吸引了一大批像保尔一样的青年参加革命。

"盲卡三"：从几位异性看保尔

《钢铁是怎样炼成的》这本书里重点写了三个与保尔有关的女人，我们一起通过认识这三个女人来一窥保尔的形象。她们分别是谁？又是怎样的人呢？

答案：年少懵懂时期认识的冬妮娅——初恋女友。冬妮娅是一个上等社会的女孩，但是对劳动人民很同情，对寄生虫一样的贵族很厌恶，但还是保留了资产阶级的虚荣，最后和保尔分手。

思想渐渐成熟时期认识的丽达——战友。丽达是共青团委书记，一个既勇敢又有能力的女性。她是苏联革命工作者的典型，但是因为误会和保尔最终没能走到一起。

人生发生涅槃时期认识的达雅——妻子。达雅是一个贫穷的农家女，父亲酗酒，母亲偏爱弟弟，在保尔的领导下最后勇敢做出反抗，并且帮助保尔完成了创作。

师：这个答案真好。不成熟而最美好纯洁的初恋，铭记一生永远陪伴在爱情回忆里，还有始终陪伴在身边的妻子。这三个女人在保尔生命的不同时间段里扮演着不同的角色，三个角色清晰地代表了人类感情的阶梯式地成长。这本书不仅从对一个革命人的描写里反映了十月革命后新生的苏维埃政权与国家的复活，也从这个凡人的人生中写出了浓缩的爱情阶梯式成长，也是保尔参加革命前后由青涩到成熟的转变的见证。他勇于挑战、自强不息，有崇高的革命理想、高尚的革命情怀，是一个顾全大局、大公无私而又不计较得失的人。

"盲卡四"：从本书作者看保尔

比较奥斯特洛夫斯基与主人公保尔的相同之处，由此来说说你对保尔的印象。

答案：他们都历经苦难，苦难却成为他们的力量，用革命精神真正地奏响了生命最华美的乐章。主人公保尔具有为理想而献身的精神，钢铁般的意志，坚韧不拔、顽强奋斗的高贵品质，他是一个伟大的无产阶级英雄形象，是苏联第一代共青团员的光辉形象，他对共产主义理想的无限忠诚及为实现信仰的百折不挠的拼搏精神令人敬仰。

师：最后还有一个小组，期待你们的关卡任务。

多重身份的盲卡：

组5：我们的关卡任务和前面的形式也不一样，我们所有的关卡任务都是一个问题，第一个到关卡的同学优先回答，越到后面的同学越难，因为不能重复前面的内容了。

任务内容：《简·爱》除了我们阅读的文字版，你们还知道其他形式的呈现吗？请找出其中一种（除小说以外的形式呈现），并说说它和小说的不同。

答案：电影形式。电影是以小说为蓝本进行改编的，最大的不同是电影的推进比小说更快，有些在小说中用很长篇幅详细描写的章节，电影中几秒就过去了，看得一点都不过瘾。

话剧形式。话剧中对小说里的部分章节进行了删除，比如简·爱与圣·约翰在沼泽庄园的部分，小说里有很长的描写，但是话剧为了突出的是简·爱成长的历程中的关键要素，所以对于不太重要的内容，在有限时间里就不呈现了，这种安排很合适，也能突出重点。

生18：我认为电影和小说在主题上也稍有偏差，小说中更突出的是简·爱作为女性意识的觉醒和她的独立，而电影里好像更多的是在讲爱情……

（生大笑）

生16：我还有另一个想法，不知道对不对，我看过一部小说，不是《简·爱》的其他形式，但是我觉得小说中的主人公和简·爱非常地相似，她们都是经历了成长，在成长中我看到了女性的独立，这部小说是茨威格的《一个陌生女人的来信》。

课镜三：别样人生，成败归因

活动一：王者之争

师："大富翁"游戏设计，只剩下尾声部分，三条线路总要分个输赢，总有一个"王者"，那如何来判断线路的成败呢？在游戏关卡的设置里，我们不难发现，三位人物都有共同点，有没有同学找到了？

生8：他们都经历了苦难。

师：历经苦难后，仍然能够勇敢积极面对生活，方能称为"王者"，也才能获得游戏的胜利，大家说说，经历苦难后的三位主人公，各自有怎样不同的结局？

生10：在苦难中，保尔成长为一个有着伟大的革命理想、崇高的道德品质、钢铁般意志的英雄。他可以称为"王者"。

生11：苦难激发了简·爱的反抗精神，塑造了她坚强的性格，磨炼了坚定的意志，自尊自爱，自强自立，冷静理智。她也可以称为"王者"。

生9：祥子从一个善良勤劳、对生活充满希望的人，变成了麻木潦倒、狡猾、好占便宜、好吃懒做、冷漠无情、狠毒不择手段的人。头脑风暴：具体表现在他天天混，赌钱，不修边幅——体面不要了；不讲究车了，讨厌车——梦想放弃了；故意别着后面的车，与车主打架失去职业道德——人性都可以抛弃了；"好占人便宜""借钱不还，耍无赖""骗钱花"——诚信正直的本性丢掉了；出卖阮明——良知也可以置之不顾了。这些苦难彻底击垮了祥子，使祥子走向了无底的黑暗深渊。这样看来，祥子好像不算是成功者，他的结局也不太好。

师：保尔在苦难中练就了钢铁般的意志、崇高的道德品质、伟大的革命理想；简·爱在苦难中激发反抗意识，塑造坚强性格，磨炼坚定意志，明确了平等独立的追求，学会了冷静理智，最后找到了真爱幸福；祥子在苦难中却彻底沉沦了。每个人在苦难中都走向了不同的命运。所以，要成为最后的赢家，首先要击败生命中的苦难。

活动二：提取成败因子

师：导致人物变化的成败因子到底是什么呢？

生11：我觉得成败的因子都和所处的时代、个人的性格，还有身边人的帮助有关。

师：可以具体分析吗？

生11：比如祥子的苦难是社会性的深重大苦难：军阀、统治阶级的压迫与欺诈，剥削阶级在精神、劳力、经济上的多重压迫，坐车人的冷酷绝情自私自利，不平等的婚姻的压迫……这是个吃人的、没有公道的、不让好人有活路的社会。这就是祥子失败的时代因素。另外，也有祥子自身性格的一些弱点，比如个人主义、目光短浅、思想封闭、软弱妥协等。

生13：保尔的成功也和时代有关：保尔所处的时代是充满血与火、斗争严峻的战争年代，底层人民受尽欺侮；后来经历了战争后的恢复时期，也是艰苦卓绝。这样的时代恰恰给像保尔这样的年轻人提供了一个熔炼的大舞台，保尔不断地得到锤炼，得以健康成长。而他性格上有显眼亮点，比如从小显现的反抗精神、乐意去学习提升自我、崇高的理想主义等。

生12：保尔还有他人的帮助，如朱赫来给了他革命的启蒙，带领保尔在革命中不断前进；阿尔焦姆和母亲给了他最好的亲情呵护和帮助；冬妮娅给予保尔苦难少年生活中的温暖；达雅给予保尔最艰难生活中精神的激励；还有像丽达等志同道合的朋友、同志给他支持。

师：大家分析了保尔和祥子，找到了他们的成败因子，那么简·爱的成败因子，又是什么呢？

生14：时代因子应该是，当时英国妇女处于依附地位，女子生存目标就是要努力通过婚姻获得财富地位，职业的唯一选择是当个好妻子。而简·爱童年时勇敢坚强，富有反抗精神；读书时敏感奋进，追求自由；恋爱时自尊自爱，平等独立。这是她的个人因子。同样她也得到了别人的帮助，谭波儿小姐是她的精神导师，直接影响了简·爱的新女性形象意识的形成。海伦·彭斯让简·爱学会宽容、自信。罗切斯特，欣赏她，爱护她，让简·爱品尝到了爱情甜蜜，焕发出最美的精神风貌。

师总结：所以，三部小说，作者都有着自己的表达目的和追求。

对于《骆驼祥子》，他堕落的原因主要是由社会造成的，所以作者想揭露旧社会的黑暗，控诉统治阶级对劳动者的剥削、压迫；表达对劳动人民的深切同情。

对于《钢铁是怎样炼成的》，作者想告诉我们"钢铁是怎样炼成的"，保尔这批有着钢铁般意志和坚强品质的革命战士是在同阶级敌人，以及各种困难的斗争中成长起来的。一个人只有在革命的艰难困苦中战胜敌人也战胜自己，只有在把自己的追求和祖国、人民的利益联系在一起的时候，他才会创造出奇迹，才会成长为钢铁战士。

对于《简·爱》，作者歌颂了简·爱出身贫寒却蔑视金钱、地位卑微却不轻贱自己、追求爱情却不失尊严的自强自立的品格，表达了对思想自由、精神平等、人格独立的追求捍卫。

【教学反思】

游戏是成长的天使

游戏始终是孩子的天性，在名著教学的过程中，学生以游戏为载体，把名著作为助读内容，更能点燃学生的阅读激情。棋局游戏中线路图的制作，就是主人公成长的变化过程，游戏中的重要关卡，也是主人公经历中的重要节点，棋盘的设计过程实际就是学生对三部名著内容梳理的过程。在空格处让学生加入具体的情节事件，设计为判断选择，更是能够促进学生对名著文本的进一步理解。"盲卡"环节、两条线路之间的勾连，实则是让学生将三部"成长类小说"进行对比。故而，选择当代学生喜欢的游戏，是教师走近学生，与学生深入对话的一个过程、一次契机，将学生从被动接受，变为主动思考。小组间共同设计和完成，也锻炼了学生的沟通交流能力，使学生在合作中成长。

一、在游戏中找"成长小说"的共性

要理解"成长小说"，就需要找出成长类小说的共性特点，对其进行分析比较，综合理解。从读者视角出发来理解小说主题，教师没有选择采用"直给式"的问题，而是把选择权交给学生，看似是在让学生选，实则是让学生在选择的过程中，不自觉地开始分析比较。除了本课的大富翁棋类游戏的设计，教师还可以在课堂上以学生们较为熟悉的"微信公众号栏目"为背景设置任务。任务一，人物档案的填写，有助于学生更加全面了解三位人物，包括人物形象、所处背景等。任务二，以爱情观作为设问点，一方面三

部成长小说中，爱情都是一个主题词，都带给主人公巨大的影响或者带给他们成长，而对于处在青春期的孩子们来讲，"爱情"更是一个神秘且美丽的词，与其遮遮掩掩，不如揭开神秘的面纱，让学生在阅读过程中，学习正确的"爱情观"，实现学科的育人价值。任务三，则是把三部小说放在同一面上进行比较，从而找出"成长小说"的一些共性点，让学生能够更加深入地理解这一主题。

二、在游戏中学习阅读方法

1. 学会摘抄和做笔记

阅读名著，教材要求在教学时，重点关注一种阅读方法——摘抄和做笔记。摘抄是按照学习、借鉴的意图来对阅读内容进行选择，可以是生动传神的细节片段、启迪思想的名言警句；也可以是描写人物的言谈、举止、心理的片段及各种人物对其的评价。而做笔记最常用的两种方式是写提要和写心得。写提要的内容可以是语意连贯的成段文字，可以是按层次要点罗列的提纲，可以是体现作品结构思路的图表。写心得则可以是对于作品内容和形式的看法与评价，可以是阅读时的新认识、新观点。

如何具体有效地引导学生学习和体验这种方法呢？教师可以在具体的教学环节里结合这种方法引导学生具体体验，如果没有具体的任务作为载体，学生很容易将"摘抄和做笔记"泛化、盲目、没有针对性。比如《钢铁是怎样炼成的》记录了钢铁战士保尔的"成长史"，那保尔究竟经历了哪些促进他成长的重要事件呢？这就需要教师带领学生有针对性地阅读，通过勾画、摘抄跟保尔成长有关的文字信息，并且在旁边做好感悟、赏析、质疑等批注，帮助学生在梳理保尔成长的学习过程中学习、探索"摘抄和做笔记"的阅读方法，将教材要求的主要阅读方法落实在教学的具体环节里。

2. 学会用思维导图梳理事件发生的脉络和人物关系

在梳理保尔的主要成长事件时，由于内容多，很杂乱，学生有时候会没办法整理清楚，这时候教师可以推荐学生用思维导图的方式，以时间为纵轴，对主要事件进行整理，这样梳理出来的阅读成果，更有利于帮助学生一目了然地感受保尔的成长阶段和成长转折点。每个小组的学生着力点不一样，上面给出的也只是一个小组的学生讨论、绘制的作品，学生除了这种按照时间的先后概括事件，还可以梳理成几个成长阶段，比如有的小组将保尔一生的成长历程分为四个阶段：少年时期—战火纷飞时期—献身于家园建设时期—身残志坚时期。苦难的生活经历让保尔逐步迈向革命道路，在漫长而充实的革命生涯中，他结识了丽达、制止暴乱、与冬妮娅决裂、思考生命的意义。在与各种困难的斗争中，保尔越来越成熟，但是疾病一直折磨着他，病中的保尔一度因为丧失战斗力而失落，甚至想到自杀，但是最终他战胜了自己，通过文学创作重新参与战斗。从思维导图的梳理中，学生可以一目了然地发现，在保尔生命中有哪些经历。尤其是有哪些可能会影响和改变他整个生命的经历，这样的梳理，对学生来说，既能帮助学生细读作品，熟悉情节，又能较好地发现一些关键的节点，以便后面能够更好地对保尔的人物形象进行解读。

从保尔身边的人物入手，我们可以发现身为钢铁战士的他，也有着丰富的感情生活——温暖的亲情、不同的恋情、真挚的友情，这些都给予了他前进的力量与奋进的勇气。我们可以从阅读中发现，作品里出现了很多人，那我们就可以通过泛读整本书，梳理出以保尔为中心的人物关系网络图，分别从阿尔焦姆、丽达、朱赫来、冬妮娅、达雅等人梳理出这些人与保尔的兄弟关系、战友关系、爱人关系等。从这些关系中，我们可以分析出保尔对待革命、爱情、生命的态度变化，从保尔的思想认识发生的变化中，总结梳理出保尔的生命价值观。从与不同人的接触中，我们可以引导学生梳理出保尔作为革命者、建设者、恋爱者、创作者的身份遇到的不同困境，甚至可以比对这本书的创作者奥斯特洛夫斯基来感受保尔的形象，通过这些来感受保尔这位钢铁战士的成长历程，深度感受保尔这一丰富又立体的人物形象。

一部小说的主人公，他一定不是孤立存在的，他一定是与整个社会环境，与他身边接触的人有关联。成长型小说中的主人公的成长，一定是受他生长的自然环境、社会环境的影响，一定是在人生的某个阶段遇到了某些能够影响和促进他进行选择和改变的人。因此，要更深度地探寻保尔这位钢铁战士的成长及英雄的形象，我们一定不能简简单单地停留在对保尔个体的单独探寻和解读上，而应该结合时代背景及他身边接触最紧密、对他最有影响的人物身边去找线索、找答案，多角度分析保尔形象，只有这样分析出来的人物形象，才是更加丰富和全面的形象。

老舍先生长篇小说在结构上的一个突出特点是以写人为中心，围绕人物的命运来展开情节。在《骆驼祥子》中，祥子为全书灵魂人物，祥子的"三起三落"命运便是全书的中心线索。小说以祥子的生活遭遇为描写重点和结构中心，一连串地组织材料，安排情节，显得不枝不蔓，明晰，紧凑集中。这时情节思维导图的绘制就很有必要了。应该如何绘制呢？教师要引导学生先找出这根线，即先概括出祥子"三起三落"这几件大事，再勾连出与祥子相关的情节，这样可以不断优化情节思维导图。情节思维导图的绘制可以帮助我们从整体了解祥子这一人物命运发展变化，可以直观地展现人物命运的走向，经历起伏，最终走向毁灭。那祥子到底经历了什么，还遇到了哪些人、哪些事，是什么导致他走向毁灭，我们会带着这些疑问再次回到小说中，这就为之后的细读、细品打下了基础。我们还可关注同样是围绕人物命运展开情节的小说，如《简·爱》《钢铁是怎样炼成的》，在初读之后，也可以让学生通过绘制情节思维导图来直观地看到主人公简·爱和保尔的命运走向，经历起伏，最后收获成长。此时教师可以引导学生思考：是什么让简·爱和保尔在历经万难之后，还能顽强奋斗，永不言败。再对比祥子这个人物，为什么命运却朝着相反方向发展？这样能够带领学生走向更深入的阅读和思考。

三、在游戏中学习质疑探究

在读《骆驼祥子》后，祥子最终走向毁灭的命运悲剧无疑会给学生强烈的震撼和触动。到底是什么力量毁灭了这个曾经生机勃勃的人？悲剧的原因何在？这一定是学生很想去探究的内容。但是学生很容易根据以往阅读的经验：人物悲剧的根本原因必然是因为生活在一个黑暗的社会，来对祥子的悲剧原因贴标签。"黑暗"是一个概括性极强的词，每一本小说都有其特定的背景，我们不能简单粗暴地贴标签概括。这就需要教师创设学生活动，引导学生回到小说中反复深入阅读，具体感知当时的黑暗社会。祥子经历人生三次巨大打击，每一次的打击都在把他一步步地推向深渊。教师只有带领学生深入阅读祥子的"三落"，探究出他每一落的原因，最后才能分析出他人生悲剧的根本原因，才能真真实实地感受到那个离我们较遥远的社会底层人物的悲哀，才能读懂老舍这个有良知的作家对底层劳动人民生存状况的关注和同情。

祥子经历人生"三起三落"，最终走向毁灭，这让我们想到《简·爱》和《钢铁是怎样炼成的》这两本书。书中主人公简·爱和保尔的人生也不是一帆风顺的，那为什么在经历起起落落之后，他们能够收获成长，而不是像祥子一样走向毁灭呢？可以引导学生再次回到书中去探究：不同社会背景下小人物的不同生命走向，即成长或毁灭。

老舍以祥子为中心，把祥子这样一个"社会小人物"写活了。小说还描写了祥子周围的人物，如刘四、虎妞、小福子、老马、小马等，这些人物都是社会底层小人物，他们跟祥子一样都摆脱不了悲惨的命运。老舍先生正是通过这一个个鲜活的小人物，给读者展示出了一幅老北京风情的世态图。所以，教师要引导学生在阅读小说时，还要关注小说中的次要人物，只有通过感受这些次要人物的悲苦，学生才能真正读懂小说。在片段中，教师设置了学生活动，给悲苦人物送葬。学生可以将这些人物的人生经历、性格以及自己在阅读中对他们的感受都通过这个活动以文字表达出来，加深对小说中吃人社会的感受，对小说悲苦底层人物的同情。

在阅读中，教师可以设置通过身边人物分析主人公形象的学习任务驱动学生有效阅读，深度阅读，自主阅读，围绕问题链设计相应的学习任务，搭建起一系列的阅读支架，引导学生在阅读过程中有方法可依，并积累整本书阅读相关策略，进而提高阅读能力。

跨学科融合的科幻小说阅读

成都棠湖外国语学校 袁榕蔓

【目标定向】

凡尔纳的《海底两万里》，是一部典型的科学幻想类探险小说，作者以科学知识为依托，进行科学幻想，为读者介绍了大量的海洋知识，为我们呈现出五彩缤纷的海底世界，同时又充盈着恳切的人文关怀，既表现出人类对科学探索精神的赞美，又对后辈勇敢探索未知领域给予不断激励。教学这部科学与人文兼备的科幻小说时，教师需要带着整合的、跨界的意识去打破学科之间的壁垒，进行跨学科融合教学，设置情境式任务，结合相关领域、相关学科，"跨"出思维的广度；于"同化""顺应"思维中"跨"出思维的深度；引入相关资料，于材料探究中分析问题、解决问题，"跨"出思维的高度。构建超越学科的、综合的、还原整体思维的阅读模式，让学生在阅读中找到成长的生发点，去认知知识结构的综合性、完整性，获得真正意义上的"新知识""广知识""深知识"。

【课堂辑录】

课镜一：聚焦科幻小说的奇幻性

师：同学们，假期我们阅读了《海底两万里》，跟着凡尔纳潜游海底，感受奇幻海底的精彩绝伦。今天这节课，我们将以小组的形式来分享我们的探究小任务。

PPT显示：初一11班"精灵研学团"即将开启"奇幻海底之旅"，大家将乘坐"诺第留斯号"潜艇开启丰富多彩的七日之旅，请你筛选出1~2个极具特色的高光景点，作为"奇幻海底之旅"的研学胜地；同时设计邀请函，向你最想邀请的老师发出邀请函，并说说你的邀请理由。

师：为了方便大家找寻高光景点，我们特邀第一组的同学为我们梳理了航海路线图，下面有请第一组分享。

生：同学们，为了打造高光景点，我们组甘愿做绿叶衬托各位红花，承担了航海路线图的绘制工作，下面，我们一起来分享这次旅行的航海路线。我们将途径太平洋→印度洋→红海→地中海→大西洋→南极海域→大西洋→北冰洋。这样看来，高光景点的选择区域比较大，可供选择的范围也比较广，所以为了方便大家选择呢？我们组还贴心地给大家准备了一些小惊喜：太平洋北部的海底森林克利斯波岛上可以海底漫步，可以进行打猎活动；印度洋的锡兰岛（斯里兰卡）可以参观采珠场，瞻仰巨大珍珠，还可以活动活动身体，经历一场搏斗；在红海可以穿越阿拉伯地下水道（苏伊士地峡），直入地中海；大西洋海底可以打捞黄金，还能"大战抹香鲸"；大西洋呢，大家可以在黑夜中漫步海底，看到消失的大陆亚特兰蒂斯；来到南极，你们还可以体验一下舰艇推背感；离开南极向北行驶时，可以体验用沸腾的开水拓冰，感受冲破冰山的刺激；在挪威海岸，强烈推荐大家去体验迈尔大旋流……剩下的小组，你们加油，海底两万里航行现在开始！

（师板书　奇幻：路线曲折）

师：第一组同学为我们详细地梳理了航海路线图，还贴心地奉送给我们选择区域，让我们感受到"奇幻之旅"的曲折路线，当然，也让我们对悬念丛生的旅程充满期待和想象，冒险和探索共行，成长与快乐共存！

生：我们小组设计的高光景点是珊瑚王国，我们准备向生物老师发出邀请函。到时候，生物老师和全班同学都可以身穿橡胶潜水服，脚踏铅底鞋，在柔软的细沙中行走，看海水颜色渐变、珊瑚虫反射七彩光。各种各样的贝壳、软体类动物散步在柔软的沙滩上，将海底装扮成花园一般。我们头顶上方飘荡着各种各样的水母，好像仙女撒下片片花瓣。软体动物还散发着磷光，可好看了，小草绿、胭脂红、桃花粉、浅棕黄。我们还可以自行搜集各种各样的植物、动物标本，回校后，生物老师还能带着大家一起分享海底标本。

（师板书　奇幻：生物多样）

师：你们设计的奇幻之旅让我们看到了海底生物的多样性，同时，你能根据老师的学科特性和旅游内容撰写邀请函，让我们感觉很期待！

生：我们小组要邀请两位老师——化学老师和历史老师，我们想带着他们一起去夜间三百米深的大西洋海底去进行一次有趣的观光。我们换好潜水衣，背上灌上满满氧气的储气舱，带上金属头盔，脚踩铅底靴，再拿上那根独特的铁棍就可以出发了。

师：袁老师有点疑惑，为什么要带着化学老师一起去呢？

生：因为我们要去看一处独特的"礁石"，还要去看如同巨大火炬的火山，熔岩瀑布。化学老师可以清晰地给我们讲解一下"熔岩流"和"火焰"的区别，因为我们小组很好奇为什么水里产生不了火焰，为什么熔岩流能够产生白色的火苗，"海底瀑布"到底是怎样形成的。

（师板书　奇幻：地质特殊）

师：哦，原来是这个原因，看来你们是很爱思考的小组，那袁老师也可以现场解答一下你们的疑惑：火焰的产生需要和空气中的氧气结合，海水里面没有氧气，因而产生不了火焰。熔岩流中间有一个很重要的成分叫作"白炽"，它能产生白色的火苗，当它与海水接触就会产生强烈的反应，将海水化为蒸汽，这时候，湍急的流水再来带走扩散的气体，熔岩流就会一直流淌。如果你想知道"海底瀑布"如何形成，我建议你再邀请一下地理老师。

生：对对对，地理老师好像给我们分享过这个知识，好像说海底瀑布的形成主要是由于温差和盐度差，还有海底峭壁。

生：上次地理老师还给我们举过一个海底瀑布的例子：就像平底锅中的水，一半被加热，另一半还是冷水，那凉水就会沉到锅底，然后形成瀑布……

（生笑）

师：这样看来，邀请函必须有地理老师的一份，到时候让地理老师给你一个专业的解答。我们来继续分享，下一组。

生：我们组想要邀请道德与法治老师、地理老师、历史老师一起探究失踪的大陆——亚特兰蒂斯，这个充满着废墟、沟壑、废弃物的地方简直是一座沉入大海的庞贝城，能让我们感受到托斯卡纳建筑匀称的比例。那个时代有巨大的输水方式、有奇特的护城加固墙，还有让人充满想象的沿海港口……我们都想亲自去了解了解，当然我们也有不明白的地方，所以也列出了探究清单准备和老师们一起探究：①很多历史人物，如希腊神父奥利金、哲学家鲍尔菲利奥斯、法国地理学家德·安维勒都不承认亚特兰蒂斯的存在，把它的消失归咎于神话传说，这是真的吗？②如果亚特兰蒂斯真实存在，为什么会在一昼夜之间销声匿迹，只有几座最高的山峰露出海面？③有朝一日被海水吞没的废墟还会不会因为火山爆发而重新露出水面？

（师板书　奇幻：大陆神秘）

师：一座被摧毁的城郭、一个拥有"秘密"的"奇幻"大陆，激起了你们探究思考的欲望。你们和各位老师充分的互动也一定能让你们收获一段历史，汲取到丰富的知识。感兴趣的同学还可以带着这几位老师去看看阿曼国最重要的城市——马斯喀特城，那也是一座非常奇特的城市。

生：我们组想安排一天科技博物馆的参观之旅，我们准备给物理老师发出邀请函，"诺第留斯号"是以电作为核心动力的潜艇，书中提到，尼摩船长从海水中提取钠，用钠和汞混合，同时配以海底开采的煤炭进行发电，这些科学的设计使"诺第留斯号"的能源在一定程度上变成了"可持续"的能源，供给船上的热、光、动力。这些好像和今天的核动力差不多，但我们还是有点看不懂，所以，我们想听物理老师给我们细致地讲讲潜艇的构造和细节。

（师板书　奇幻：科技先进）

师：阿龙纳斯对尼摩艇长也说过："它的光辉，能像漫过山岭的薄雾，无声无息，却又无处不在。"科技便是人类智慧的结晶，光彩照人又璀璨夺目。现在的潜艇史，也许或多或少都有诺第留斯号的灵感吧。

生：我们组设计的高光景点是"锡兰岛"，我们想给体育老师发邀请函，他不是最喜欢武术吗？我们一起去采珠场，戴上7D眼镜，去观摩尼摩船长、尼德·兰与鲨鱼的殊死搏斗，实时感受鲨鱼带来的"火焰"般的灼热感，斗争过程中的窒息感，风、雨、电、烟齐齐上阵，下坠、震动、翻转肯定让体育老师大喊过瘾，哇，太炫酷了！

（师板书　奇幻：经历刺激）

师：我想这将是体育老师非常难忘的一次沉浸式惊险旅行。

师总结：同学们，你们思维敏捷、创意新颖，选定的高光景点和制作的邀请卡让袁老师大开眼界，请把热烈的掌声送给善于思考的你们！如果我们聚焦刚刚小组展示的内容，会发现科幻小说第一个特性"奇幻性"。《海里两万里》的奇幻性体现在路线曲折、生物多样、地质特殊、大陆神秘、科技先进、经历刺激，希望你们在课下的进一步阅读中还能发现小说的"奇幻"之处。

课镜二：聚焦科幻小说的科学性

师出示PPT：

当科学开始说话的时候，那就只好闭口不言。但科学是从错误中产生，犯这些错误乃是必要的，因为这些错误逐渐导致真理。

——凡尔纳

师：凡尔纳让"科学"说话，这是文学家对科学的探索，更是中外作家对"科学精神"的诠释，这节课我们就一起来聚焦科幻小说的"科学性"，探索《海底两万里》的科学魅力。

师：请同学们翻开目录，根据目录中的关键词，猜一猜海底两万里的行程，会历经哪些地方？

生："美丽的海底世界""海底葬礼""海底隧道""海底宝藏""海底煤矿"这些关键词都反映出他们会去很深很深的海底吧。

师：能具体说说吗？

生：可能有四大洋？我们在地理课上刚刚学过，四大洋有印度洋、北冰洋，还有太平洋、大西洋，具体顺序有点忘记了。

师：能从目录中寻找"海底"的关键词，采取猜测法来解决问题，并且联系了地理学科的知识，虽然没有完全记住，但很有智慧。

生：我刚刚翻越了地图册，阿拉伯海海底隧道应该是从红海到地中海的区域，还经过了第二十四章的南极，合恩角又属于太平洋与大西洋的交界处。

师：能跨学科地解决问题，你们的拓展思维不错，地理也学得不错。

师：诺第留斯号穿过太平洋、印度洋、红海、地中海、大西洋、南北两极海洋，他们经历的地方我们都可以从地图上找到。那袁老师有个疑问，我们七年级时阅读的名著《西游记》取经行程长达十万八千里，历经九九八十一难，途径12个国家，我们能翻开地图册在上面找到具体的地点吗？

生笑：肯定不行啊，车迟国、女儿国、乌鸡国这些国家全是虚构出来的，地图上怎么会有？

师：那说明了一个什么问题？

生：《西游记》想象是非常大胆的，是天马行空的，《海底两万里》是在现实的基础上想象出来的。

师：是的，两本书的性质有不同之处，《西游记》是神话小说，强调大胆的想象，所以可以虚构，而《海底两万里》属于科幻小说，科幻就是科学的幻想，要考虑现实性和科学性。所以，这些真实的地点也体现出《海底两万里》的科学性。

（师板书　真实的路线）

师：请同学们翻到目录，大家能在目录中找到这次海底旅程所使用的工具吗？

生：潜水艇，是神秘的"诺第留斯号"潜水艇。

（PPT展示图片）

生：设备齐全，有餐厅、客厅、卧室、图书室等，和我们外出住的酒店差不多，很高档，我也想去住一住。

师：你观察到了它的内部设施，而这些内部设施也和我们日常生活相符，所以看起来很真实。

生：它的样子像一个"导弹"，像一条"雪茄烟"，书中也说它的形体狭长，线条流畅，便于潜水作业。外层有喷水口、操舵室等，里面还有水密井、发电室，尾部还有轮机舱，这些名词太专业了，我有点搞不懂，但这些词汇让我感觉"诺第留斯号"设计得很高级，也很科学，专业性超强。

师：你很细致地观察到了潜水艇的外形特点和内部结构，你虽然不懂这些结构具体有什么作用，但你能表达出自己的感受：高级、科学、专业，这也是阅读的意义。

生：我关注到了左边的小字，上面用具体的数字标注了潜水艇的长度70米、直径8米、面积1101平方米、排水量1500吨，两层壳体还精确到厘米、重量精确到尾数：394吨、62吨，航速测量到了最大数值：50节。我可能也不太懂这些数值具体有怎样的作用，但通过这些准确的测量值，我就知道作者的想象有理有据，不是凭空乱想。

师："诺第留斯号"精准的数值、真实的布局、专业的设计都可以让人看出这部小说的科学性。

（师板书　科学的工具）

那在当时那个年代潜水艇已经被发明出来了吗？

师出示PPT：

1866年，凡尔纳通过想象创造了"鹦鹉螺"号。

1879年，爱迪生发明了电灯。

1886年，英国人"潜水艇之父"西蒙·莱克发明了以电力作为动力的潜水艇，取名"鹦鹉螺"号。

师："潜水艇之父"一直认为凡尔纳是他一生事业的总指导。有科学家说："20世纪的一切努力都不过是把凡尔纳的预言变为现实的过程而已。"所以，《海底两万里》表现出科学的预见性。

（师板书　科学的预见）

师：那我们再来看看目录，从目录中找到你最感兴趣的章节，和大家分享一下。

生：我对《美丽的海底世界》很感兴趣，因为我从来没有去过海底，我感觉这个章节会带我看到一个不一样的海底世界。

生：我想看看《岛上奇遇》，"奇"很吸引我，我想知道到底怎样"奇"，是奇怪？奇妙？还是惊奇？

师：你瞄准了标题的关键词"奇"，同时驱遣了你的想象。

生：我对24到26这三个章节非常感兴趣，我们把章节的标题连起来读一下，在南极发生了意外事件，氧气越来越少……大家想象一下，那是在南极，发生了意外，还没有氧气，他们是不是危在旦夕？

师：你的描述引起了我的兴趣，那我们一起来读一读南极遇险这个部分，看看他们遇到了什么困难，他们是怎样解决这个意外问题的。

生：他们遇到的困难是当潜艇行驶到南极时，冰山封住了他们的去路，冰群翻倒将潜水艇困住了，冰内的封闭让大家面临不能换气的危险，潜艇里极度缺氧。

师：你用很完整的语言清晰地概括了困难情况，那他们如何解决这个问题的呢？

生：他们想到先进行探测，再把下面的冰层凿开，从下面穿过去。

生：面临海水结冰逐渐合拢的危险，他们想到了一个很专业的办法，利用潜艇上的水泵喷出沸水，提高空间温度，延缓海水冻结，加快冰融化的速度顺利度过被海水冻结的危险，为凿冰赢得时间。当冰层只剩一米厚的时候，先减轻潜艇的分量，再把储水仓的闸门完全打开，让100立方米的海水涌进，潜艇重量增加了十万千克。诺第留斯号采取倾斜的姿势，后部下沉，冲角仰起，全速冲向冰层，将冰层撞开。

师：你描述得很详细，大家觉得他们是靠什么解决的这个生死攸关的问题呢？

生：尼摩船长的果断判定，他的经验学识。

生：大家的团结互助，因为每个人都把维持生命的空气箱交给气喘吁吁的同伴，特别是尼摩船长。

生：我觉得最终还是靠他们科学地计算，当凿穿浮冰的工作量太大而储备空气又不够的时候，他们考虑到了利用冰墙的压力其实也有可能变危为安，因为还没有学物理，"压力"这个词我也不太懂，但我们可以跳读过去，只看书上的结果："水结冰会使困住我们的冰层裂开，就像石头裂开一样。"后面他们用水泵喷沸水的方法，利用温度上升的原理加速冰融化速度，最后又用撞击力撞开冰层。总的来说，我觉得他们用了一些科学的物理学知识来化解了现实的困境。

师：先探测再凿冰是尼摩船长科学的思维；借助水泵吐出的沸水，提高周围的水温，延缓海水的凝固是科学的行动；灌水负压，崩裂冰层是科学的方法；潜艇先退再冲这是科学的原理。整个过程富有科学性和逻辑性。作为语文老师，袁老师也不能清晰地解释物理原理，但你们用语文的方法勾画出关键句，弱化掉自己不懂的专业术语，还勾连了原有的认知，拓宽了现有认知，真是特别会读书的孩子。请大家看看目录，在《电的世界》《海底葬礼》等章节也涉及科学的原理，下面大家可以读一读，体会《海底两万里》的科学性。

（师板书　科学的原理）

师：作为科幻小说，《海底两万里》的"科学性"体现在此。教授阿龙纳斯和他的助手康塞尔对海洋生物也有着独特的研究，书中有翔实的介绍，界、门、纲、目、科、属、种，井井有条。特别是地对鱼类进行了详尽的分类。下来之后大家可以阅读第八章《美丽的海底世界》，将海底鱼类进行一个大致的分类，也可以做出"鱼类分布思维导图"进行分享。像刚刚同学说的，那些太专业、读不懂的地方我们可以快速浏览或直接跳过，筛选出关键信息就可以了。

（师板书　科学地分类）

师总结："科幻小说最好的方面是它似乎触及了人类集体梦想的神经中枢"，凡尔纳用他极富科学性的语言让我们经历了一场科学梦幻的精彩旅程，让我们能自由徜徉在科学与幻想中，更让我们钦佩他严谨的科学态度。课下，请同学们根据阅读计划表进一步阅读，来一场独特的科学体验。

课镜三：聚焦科幻小说的人文性

材料一：

"是的，我爱大海！大海就是一切！它覆盖了地球的十分之七。大海呼出的气清洁、健康。大海广阔无垠，人在这里不会孤独，因为他感觉得到周围涌动着生命。大海是一种超自然而又神奇的生命载体，它是运动，是爱，像一位诗人所说的，是无垠的生命……"

材料二：

"我既有权利，也有道理这样做，我总是尽可能地行善，但必要时也会作恶。正义并不等于宽恕。"尼摩船长说完这些话后，沉默了一会儿，接着又问："你们怎样看我的，先生们？"

——《神秘岛》

师：《神秘岛》中尼摩船长深爱着大海，在海中他觉得自己有无垠的生命，他也这样评价自己，他认为自己是一位"行善者"，必要时也是一位"作恶者"，我们已经完整地阅读完了《海底两万里》，同学们认为尼摩船长是一位怎样的人？

生：在《珊瑚王国》中，尼摩船长请求阿龙纳斯教授为病重的船员治病，当船员生命无法挽救时，尼摩船长在珊瑚王国安葬了死去的船员，流下伤心的泪水，他的内心应该是炽热的，他重情重义，铁骨柔情，所以我认为他是一位"行善者"。

师：诚挚的请求、安葬的仪式、流下的泪水都是他内心柔软的外在表现。

（师板书　重情重义的温情者）

生：他和阿龙纳斯初次见面，尼摩船长"愤怒而又轻蔑"地表明自己不是一个文明人，不愿意服从人类社会的法则。为掩盖秘密，他完全不顾当事人的感受随意将三人关"禁闭"，让阿龙纳斯三人内心经历了恐惧和不安，所以我认为他是个"作恶者"。

师：你关注到了事件，还关注到了表情细节，你的语气也让袁老师感受到你表现人物的带入感很强，有了些许的"怒火"。

生：在《抹香鲸和长须鲸》中，诺第留斯号为了搭救长须鲸，对抹香鲸紧追不舍，或拦腰截断，或撕成碎片，或迎头痛击，将抹香鲸杀得血肉翻飞，战斗场面激烈、血腥，他虽然在解救长须鲸，但那个场面让我感觉到还是很恐怖的，我还是觉得他有点"作恶"。

师：你不太能理解用"消灭"的方式来"解救"，所以你觉得很残忍。

生：我和王同学的想法有点不同，同样对战的场景在《恐怖的大章鱼》章节也出现了，场面也很残忍和惊险，当他们拼尽全力战胜了巨型章鱼的时候，尼摩船长没有流露出丝毫欣喜，而是静静地伫立在船灯旁边，泪流满面地沉痛悼念刚刚被章鱼卷入海底的一名船员，这些都让我们看到了他对于人类同胞的无限眷念。

师：你从他"伫立着""泪流满面"的细节看出了尼摩船长的重情重义。

生：他是一位"作恶者"，名副其实的复仇者。在海上，一艘大战舰以为发现了"独角鲸"，向诺第留斯号发起攻击，他带着复仇者的愤怒将战舰撞沉，他还将尼德·兰等人囚禁起来，让他们成为阴森恐怖的悲剧见证人。

（师板书　疾恶如仇的复仇者）

生：他是一位"行善者"，他为了解救印度采珠人，奋不顾身地和鲨鱼进行肉搏，险些丧命，他还慷慨地送给采珠人一袋珍珠以维持生计。他虽然脱离了海上的世俗生活，但他却时刻关注被压迫国家的人民，把在海底沉船里打捞出的金银珠宝用来支援陆地上人们的正义斗争，为他们提供物质保障，让他们有能力斗争。

师：他对处于底层的人类同胞表现出热忱，《海底两万里》中是这样写的，我们一起读一读：

材料三：

"我是站在被压迫人民的一边的，现在如此，而且，只要我一息尚存，我就永远站在被压迫国家人民的一边！"我的心还在这个国家，并且，直到我最后一口气，我的心也是在这个国家！

——尼摩船长

师：他在战争中失去了祖国，失去了他最爱的家人。他用"离群索居"来安抚那颗"千疮百孔"的心，用"无坚不摧的舰艇"来抗争，因为饱受殖民者压迫，尼摩船长显得残暴冷酷，性格孤僻了些，但他对祖国的热爱从未冷却。

（师板书　不折不扣的爱国者）

材料四：

原来，他是一个印度王子，因领导抗英斗争，英国人把他全家都杀害了。尼摩船长说明了他对英帝国的仇恨，并试图为自己辩护道："无论在哪里，我都尽力做我能做的好事，同时也干我该干的'坏事'。要知道，正义并不等于宽恕！

——《神秘岛》

师：在这样的现实影响下，在现实中找不到出路的时候，尼摩船长只能将自己的希望从陆地带到海面以下。

材料五：

海上极度太平。海洋不属于暴君。在海面上，暴君们还能行使不公平的权利，他们可以在那里战斗厮杀，把陆地上的种种恐怖都带到海面上来。但是，在海面以下三十英尺的地方，他们的权利就不起作用了，他们的影响就消失了，他们的势力消失得踪影全无……在海中我不承认有什么主子，在海中我完全是自由的。"

——《海底两万里》

师："不自由，毋宁死"，尼摩船长将自由看得高于一切。强烈不满殖民主义统治，为了自由，他不愿靠近大陆。他宁可把自己的科学成果同他的身躯一起奉献给大海，埋葬于大海，也不愿为野蛮的殖民统治者服务。这样矛盾、痛苦的尼摩船长是反殖民主义和反帝国主义的英雄。

（师板书 反抗压迫的民族志士）

师：那凡尔纳想要借这部作品表达什么？

材料六：

当时作者所生活的法国社会，经历了思想变革，人们从以往信奉宗教开始转向崇尚科学，重新以理性的目光认识世界。工业革命后，自然科学和工业技术急速发展，理性和科学精神蔚然成风，自然科学和工业技术快速发展。

——《工业革命》

在等待回国的期间，我又翻阅了一遍那些历险的记录，它是准确无误的。没有一个细节被删除和夸大……这是一次对人类无法到达的海底探险的忠实叙述，它看似不真实，但我相信总有一天，随着科学的进步，海底世界的秘密终会在人类面前揭开神秘的面纱。

——《海底两万里》

生：凡尔纳用想象力构造的海底世界也是有现实依据的，从材料中，我们看出他对海底世界的渴盼，对科学探索精神的赞美，对认识和驾驭海底的信心。

师：工业革命的社会背景让我们看到人们思想的变革，对科学的崇尚，科技的快速发展，正如凡尔纳所说，海底世界的秘密会被揭晓，实现上天下海、自由翱翔的梦想也指日可待。

（师板书 对科学精神的肯定

对未来世界的期待）

材料七：

文学是人类感情的最丰富最生动的表达。一个时代的优秀文学作品，是这个时代的精神和情感的结晶，它传达着人类的憧憬和理想，凝聚着人类美好的感情和灿烂的智慧。

——赵丽宏

师：书中险象环生的情节展现了时代的精神，书中的科普知识和术语是人类对科学现象的热爱与崇拜、探索与求真，书中的每一次斗争都表现出人类意志力的坚韧和勇敢，展现出人类不懈的开拓精神。

（师板书　对人类开拓精神的赞赏）

材料八：

凡尔纳写作《海底两万里》起源于波兰人民抗击沙皇独裁统治的起义失败。作品中的尼摩船长痛恨民族压迫和殖民压迫，作者赋予其强烈的社会责任感和人道主义精神，以此来表达自己对现实的批判。

师：凡尔纳和他塑造的尼摩船长一样，他们具有社会正义感和崇高的人道主义精神，会因人类的痛苦而痛苦，会为人类的伤痛而伤痛。他沉重地谴责了殖民者的无情压迫和奴役、殖民主义战争及其罪恶。他渴望人民能站起来、不受委屈、不畏奴役，能有"人"的尊严，像"人"一样活着。

（师板书　对社会正义和人类平等的不懈追求）

师总结：科幻小说的特殊魅力就在于它是在科学的基础上展开的人文主义幻想，在广阔的视野和角度上审视人文主义精神。阅读《海底两万里》，我们看到了一个丰满而又立体的尼摩船长，他是重情重义的温情者、疾恶如仇的复仇者、不折不扣的爱国者、反抗殖民主义的民族志士。我们还能看到作者对科学精神的肯定、对未来世界的期待、对人类开拓精神的赞赏、对社会正义和人类平等的不懈追求，这些都让我们真实而又真切地感受到科幻小说的人文魅力。

【教学反思】

"跨"出科幻小说的精彩

一、于情境式任务中"跨"出思维的广度

跨学科学习是一种教学意识，更是在这种学科融合视域指导下组织教学的方式。其目的是让学生能运用多领域的知识，更好地学习语文，让语文学习既能沉下去，更能走向更广阔的天地。《海底两万里》是"奇幻美""科学美""人文美"的精彩碰撞。依据文本特征，教师在构课时需思考：学生在阅读过程中是否可以将科学的理科思维与艺术表达的文学思维融会贯通？让"科学的理性"与"文学的感性"共生共长，做到全面丰富的认知、科学精准地表达。创设真实情境是很好的"通关"媒介，既可以让学生在情境式体验和实践中，综合运用语文的方法和知识去捕捉、分析、思考问题，又可以有意识、有方向、有目标地融合多学科知识，协同学习、综合提高语言文字的运用能力，更好地提升学生组织活动、解决问题、实践创新等能力。因此，在执教《海底两万里》时，为了让同学们理解到科幻小说的"奇幻性"，我创设的情境是"筛选高光景点，制作奇幻海底之旅"邀请函，让学生在情境式问题的指引下探究出小说的奇幻性体现在"路线曲折、生物多样、地质特殊、大陆神秘、科技先进、经历刺激"等方面，而要完成这一探究，单方面调动语文学科的知识度是不够的，需要整合多领域的知识，运用多学科知识去发现、思考，进而解决问题。首先，需要用语文课上形成的提取信息能力去筛选、甄别书中的相关信息，来完成对高光景点的筛选，而书中所给出的信息多为经纬度、国名、岛名、地名，这就需要综合运用地理学科知识，借助地图、结合气候、地理位置、景点特点等信息，确定"奇幻海底"行程路线。而要能完整地、漂亮地设计出邀请函，又需要调动学生的美术思维和美术技能，选点、透视、构图、配色、成图，这样，看似普通的一次阅读经历，却在情境任务的统筹下跨界地理、美术相关知识，用地理空间位置视角、审美的视角去学习、体验。在完成制作邀请函邀请老师参与的任务中，学生更要细读文本，找寻出在自己阅读过程中的疑惑之处去求助相关学科的老师、找到惊喜之处和学科老师进行分享、找到探究之处和学科老师讨论……在情境任务的驱动下，学科与科学之间的关联有效建立，跨学科学习的综合性和开放性就增强了，学生得到了多层面与多角度阅读、表达和交流的机会，拥有了更好的阅读体验，运用和转化知识的能力也得到了有效培养，学生于情境式任务中跨出了知识的广度，也跨出语文学科的向心力。

二、于同化顺应中"跨"出思维的深度

科幻小说除了能带给我们奇幻感受、人文思考，更重要的是它的"科学元素"，小说中所涉及的内容交织着科学事实与科学预见、想象。而《海底两万里》更是在地理学、物理学、化学、生物学等自然科学的基础上进行的幻想与创作，让读者真实地感受到凡尔纳惊人的想象力、预见性，具有极大的科学价值。学生在阅读这类科幻小说时也会遇到这样的困境：书中的内容涉及知识的盲区、超越了原有认知该怎么办？毋庸置疑，因为学科之间的知识并不是孤立封闭的，它具有开放性和兼容性，解决某一领域的某些问题单靠本学科内的知识、思维难以实现，所以需要调动其他学科的思维作为补充来实现知识结构的完整性。但跨学科的内容怎样才能让学生的跨学科思维不遭遇滑铁卢呢？教师如果能适时根植"同化"和"顺应"的思维信念给学生，就能恰到好处地将新旧知识、跨界知识进行勾连，进而在取得"新知识"的同时保留阅读的兴趣，让跨学科跨出别样风韵。这也相当于给学生打上了一针强心剂，帮助他们顺利地构建新认知。

建构主义认为：每个个体内部都有一套属于自己的运算结构（认知结构），这套结构可以内化外在的经验材料。"同化"就是将外部环境中的有关信息吸收并整合到自己原有"图式"的过程。"顺应"则与之不同，当外部环境发生变化，而主体原有的认知结构无法同化新环境提供的信息时，主体认知结构可以在重组、改变的基础上进行接纳与吸收，这个过程就是"顺应"思维的过程。在《海底两万里》跨学科阅读教学实践中，对于书中所提及的地理、物理、化学等"超纲"知识，教师可提供与学生原有认知结构相关联的知识，调动学生的原有认知，让他们在构建新知识的"落地感"以替代"悬空感"，能恰到好处地"同化"信息。当然，那些新的知识超越学生已知认知，学生不能吸收整合时，我们就可以调动学生的"顺应"意识，归顺而回应知识却不过多地纠结知识。如此，"新知识"可以最大限度地获得，阅读体验感也能最大限度地保留。

以上文的教学实录为例，潜艇行驶到南极时，冰山封路，氧气越来越少，为解决这一问题，尼摩船长借助水泵吐出的沸水，提高周围的水温，延缓海水的凝固，灌水负压，崩裂冰层，潜艇先退再冲从而化解困难，整个过程富有科学性和逻辑性，科学的背后也是大量的物理、化学原理，这对初一的学生来说是超越了他们现有认知结构的，处理这个问题，就需要运用到"同化"和"顺应"意识。学生调动与语文学科相关联的原有认知结构，勾画关键信息，提取并同化信息，运用语文认知的提取、筛选、转化信息的能力就可以分析出先探测再凿冰是尼摩船长科学的思维；借助水泵吐出的沸水，提高周围的水温，延缓海水的凝固是科学的行动；灌水负压，崩裂冰层是科学的方法；潜艇先退再冲这是科学的原理。针对小说中具体的物理、化学方面的专业术语，这些超过学生认知范围的内容，则可以调动"顺应"思维去审视这些跨学科的知识，认知却不过度解读，了解却不过分追求，用一种综合的、整体有机的思维方式去勾连这些跨学科的"盲区"，"盲"中生智，"盲"中求慧。再如，学生引用的诺第留斯号的流线型构造的事例，关于排水量的设计就涉及了物理中阻力、动力学的知识，学生处在初一下学期，肯定没有相关专业知识的储备，所以，我们也可以调用"同化""顺应"思维，调动原有认知结构，"潜艇下沉的原理""潜艇由水下升到水面的原理""电能为潜艇提供强大功率的原理"这些信息也与原有认知偏离太远，我们只需调用"顺应"思维，无须锱铢必较，让"浮力""密度""气压""静力学""动力学"等新知识融合在"便于潜水作业""保持平衡"的同化信息中，还原整体思维的综合思维方式，由此，学生对文学作品既拥有了鉴赏意识，更能对学科外的知识有涉及、有体会，进而对客观世界形成一种立体的、多层次的认知。

三、于材料的探究中"跨"出思维的高度

在名著教学过程中，教师不能取代学生"学"的位置，教师的功能在于"引"，引领学生在自己原有的思维中自主建构知识。为达成这一目标，学生需要调动原有的知识结构，教师则需要最大限度地为学生知识的构建创设环境。教师在授课过程中适时地、不断地、有序地提供"新鲜信息"便是最重要的环境。学生则可以借由教师不断提供的丰富信息，搭建学习的支架，结合自己原有的知识，构建新的知识，以此来提升认知。《海底两万里》中思想深远，内涵风韵，它将人类的思想、情感、信息与文明进行加工处理与传递，闪耀着智慧的光芒，学生要完成对尼摩船长这一人物形象的分析和探究凡尔纳的写作意图，可挖取名著本身的言语文字，提取有关人物形象的文字做佐证材料。从课堂推进来看，教师不仅可以选择原著本身的内容，也可以精选跨学科的历史背景作为补充材料。学生在材料的指引下，感受到尼摩船长这一人物的"复杂性"，进而发现材料背后的"人文性"，进一步理解作品中作者对科学精神的肯定、对未来世界的期待、对人类开拓精神的赞赏，对社会正义和人类平等的不懈追求的人文魅力就显得水到渠成了。借助多样化材料，教师为学生搭建好精神回归的桥梁，让其能顺利地、通达地将对阅读外国名著的精神体会自然地迁移到自己的精神感悟中来。教师用丰富的材料，跨学科的思维去审视语文教学中的名著阅读，让学生构建一种综合的、整体有机的思维方式，学生对文学作品乃至客观世界会有一种立体的、多层次的认知。

学科融合视域下的《海底两万里》名著阅读，突破壁垒，让不同学科、不同领域的知识在阅读活动中交汇融合；让学生有机会在完成任务或解决问题的过程中，发挥自己多学科的优势，调动各种知识、经验储备，深入理解小说的"奇幻性""科学性""人文性"，既拓宽了阅读途径，又培养了复杂性思维；让学生多层面多角度地观察、认识世界，全面培养了学生学科知识的建构和学习能力。

《经典常谈》选择性阅读与思辨读写

四川天府新区太平中学　何蓉琼

【目标定向】

《经典常谈》里汇集着中华民族几千年传统文化中最为经典的优秀成果。可以说，这本书里生长着中华文化的根系与血脉，凝聚了中华民族几千年来认同并奉行的思想理念、价值观和民族精神。引导中学生由《经典常谈》走进更为广阔的经典世界，不仅能强化其对中华文化的认同、接纳和衷心热爱之情，更能促使他们对中华文化的生命力有更为坚定的信心、更为持久的信念和更为崇高的信仰，从而帮助这一代中学生成为充满文化自信的一代新人。

【课堂辑录】

课镜一：揭开经典的面纱

师：同学们，有人说"没有经典，我们会停止思考"，大家认同这种说法吗？

生1：认同。经典可以帮助我们认识很多了不起的古人，了解历史文化，这会让我们中国人更具文化自信。

生2：我也认同。经典作品可以让我们感受到中华文化的魅力及语文的魅力，帮助我们获取精神动力，获得历久弥新的生命智慧。

生3：我还觉得，作为中国人，我们有责任和义务传承并弘扬中华民族的优秀传统文化。

师：同学们对经典的价值认识不俗。可是，就在我们身边，有一些人却这样说："历史从我开始，我在开创未来。几千年前的古人古书怎么可能为我指点迷津，怎么可能给我智慧启迪？"

生4：老师，他不懂什么叫"前事不忘，后事之师"。

生5：对，他也不知道有个成语叫"前车之鉴"。

师：是的。谢灵运说："谁谓古今殊，异代可同调。"钱钟书说："东海西海，心理攸同；南学北学，道术未裂。"这是先哲对文化的古今相通性的肯定。而朱自清更是一针见血地指出："人情或人性不相远，而历史是连续的。所以，你我他，我们大家都需要经典常谈，常谈经典。"

师：朱自清《经典常谈》中的"经典"指的是什么，同学们有关注过这个问题吗？

生6：我从《经典常谈》这本书的"序"中得知：本书所谓经典是广义的用法，包括群经、先秦诸子、几种史书、一些集部。我又从"附录三"叶圣陶的《重印〈经典常谈〉》中知道：朱先生所说的经典，指的是我国文化遗产中用文字记下来的东西。在本书里一共有十三篇……

师：注重归纳整理，好习惯，坚持下去。关于什么是"经典"，大家还有补充吗？

生7：我通过查阅资料了解到：经典有"第一流"的意思，也可以说经典就是具有持久价值的文化传统及其代表作。

生8：在我们中国，经典多指受到官方正式评价和认可推崇的文献著作。它们通常带有强烈的道德色彩和意识形态性质，如"经、史、子、集"四库全书，体现着正统的价值尺度。

师：你们在学习的自主性上又进了一步——不拘泥于现成的资料，向你们学习。在你们的发言中，老师注意到了一个特别的信息，那就是"经典通常带有强烈的道德色彩和意识形态性质，体现着正统的价值尺度"。那么老师可不可以这样认为：一些经典本身是有不合时宜或空洞虚假的毛病的，古老的经世之学只能适用于当时的社会，而不适宜现代社会。这是不是与刚刚咱们所谈的经典的价值相悖呢？还有，朱自清为什么要倡导大家常谈经典呢？

生9：我查到一个资料，有一位叫陈忠实的作者写的《〈经典常谈〉75年阅读史》，里面有这样一句话："《经典常谈》75年的阅读史，折射出的是一百多年来，在整体性反传统主义背景下，在持续不断的'废经'声中，有眼光的新文学家和现代学者，为经典辩护，为'经典训练'辩护，为传统文化辩护的曲折过程。"我想，朱自清是不赞成全面"废经"的。

师：是的，传统文化有精华、有糟粕，但经典却是经过历史选择出来的最有价值的书。经典承载着历史，经典里潜藏着智慧。历史不能割裂，薪火必须相传。正是因为深深地意识到了这些，朱自清先生才会大声疾呼——经典常谈。

师：什么是经典，为什么要经典常谈，咱们的探究之旅行进到这儿，大家应该豁然开朗了吧。让我们乘兴前行，继续阅读。

课镜二：读我所爱，管窥经典

连中国老师说："在整本书'怎么读'的推进过程中，如若在阅读的具体内容上，不分详略、不论侧重、不辨节奏、不讲粗细，就是要求学生平均气力，一味一页一页读下去，阅读的实际效果一般会大打折扣。"部编版教材将《经典常谈》与"选择性阅读"匹配在一起，意在倡导一种真实而个性化的阅读方法，这既是对几千年传统文化的尊重，也是对当下初中生的尊重。

师：同学们，咱们手上这本《经典常谈》的序文里说，"我们理想中一般人的经典读本——有些该是全书，有些只该是选本节本——应该尽可能地采取他们的结论；一面将本文分段，仔细地标点，并用白话文作简要的注释。每种读本还得有一篇切实而浅明的白话文导言"。这本《经典常谈》就是一些古书的"切实而浅明的白话文导言"。"谁要知道某书是什么，它就告诉你个什么……古书的来历，其中的大要，历来对于该书有什么问题，直到现在为止，对于该书已经研究到什么程度，都可以有个简明的概念。"这本《经典常谈》就是朱自清专门写给我们中学生看的书。我们可以"把它当作一只船，航到经典的海里去"。为了帮助大家更方便快捷地赶上自己想要上的那艘船，今天我们要学习一种新的阅读策略——选择性阅读。首先，请同学们凭直觉说一说，什么是选择性阅读。

生1：选择性阅读应该指根据自己的兴趣爱好来阅读吧。

生2：选择性阅读的意思还包括可以根据自己的阅读目的采用适当的阅读方法。

生3：选择性阅读就是说，用不着把所有的经典读完。朱自清给我们推荐了十多部经典，我们可以再从中选择自己感兴趣的进行阅读。其他的简单了解一下就行了。

师：请同学们打开语文书，细读教材第71页开始的"名著导读——《经典常谈》选择性阅读"。在读的过程中，注意圈画出跟选择性阅读相关的信息，并且对照一下，我们自己的思考和表达有哪些可取之处，有哪些需要完善和改进之处。

学生就自己所收获到的关于"选择性阅读"的知识进行全班分享。

师：选择性阅读是一种理性的、目的性很强的阅读方式，它往往和阅读者的兴趣、思考、关注点密不可分。老师也常用选择性阅读的方式读书。以下建议，希望能对同学们有所帮助：

循着兴趣。如果对古代文学感兴趣，可以重点读《诗第十三》；如果对历史感兴趣，则可以重点读《〈战国策〉第八》《〈史记〉〈汉书〉第九》。大家还可以在阅读的过程中主动寻找新的兴趣点，进而扩展到其他部分。比如读到《文第十三》时如对战国时期的说客产生兴趣，就去读对这个群体介绍得更详细的《〈战国策〉第八》。

带着目的。同学们可以根据自己的阅读目的选择阅读内容。比如喜欢《在水一方》这种改编歌曲的同学如果想了解原作品，可以重点读读《〈诗经〉第四》，它会带着你走近歌曲背后的更多诗歌，让你不仅能体会歌曲的旋律之美妙还能享受其文化之韵味；如果你正在做关于汉字起源及发展演变历程的相关研究，你可以重点读《〈说文解字〉第一》。

讲究方法。读《经典常谈》这样的书是一件很讲究的事情。因为朱自清谈的诸多经典有的可能是同学们感兴趣想细读的，有的则可能是大家暂时还比较陌生且不愿意过多留意的。我们在做出重点关注的选择之后，建议用上"手脑联动"的读书方法。

师：同学们，通过刚才的阅读与分享，咱们了解到了选择性阅读的相关信息。是不是有种和教材编者和老师英雄所见略同的感觉呢？言归正传，具体怎么操作，我们一起来做进一步探究。同学们有了自己的想法后，先写在课堂笔记本上再与组内其他同学分享。请注意倾听，注意思考，注意笔记。

学生思考、交流。

生4：我们小组认为可以先看目录。老师曾经说过，目录不仅给了我们关于书的整体框架，还给了我们选择的菜单。认真看目录，可以方便我们统筹安排阅读计划。我们可以从目录中选择自己已知的，并且有点兴趣的经典作品，从而确定自己的研究问题、研究角度、研究层面等。

生5：我们上学期学习《周亚夫军细柳》的时候，我就对司马迁和他的《史记》这本书产生了兴趣，这下我可以进一步了解它们了。我这是循着兴趣阅读。

生6：我知道《诗经》里的很多诗歌到现在还有生命活力。我想我可以通过这本《经典常谈》进一步走近《诗经》，了解《诗经》。我也准备带着目的读。

生7：老师，同学们，我们小组认为，读经典不仅要带着笔墨，更要带着脑子。首先，这本书里有很多生僻字，比如"笾""菁""彖""耒""颐""璩"等好多字我们都没见过。我们在读的过程中要把它们圈出来，通过查字典的方式知道它们的读音，了解它们的意思。对于我们暂时理解不了的语句，我们也应该标出自己的疑惑……

师：同学们，阅读的策略很多，教材把选择性阅读匹配给了《经典常谈》，一方面可能是由于这本书里提到的书目比较繁多，且每一本的内容又都相当丰富；另一个原因可能是有的名著存在曲高和寡、理解困难的情况。毕竟，里面涉及的很多学术知识，咱们初中生阅读必然存在理解障碍。这些地方，我们暂时是可以略过的。同时，这本书里关联到的话题广博，而同学们的兴趣又各不相同。对于暂时不感兴趣的内容，同学们也可以略读或直接跳过。

俗话说，管中窥豹可见一斑，选择性阅读则可以帮助我们把厚书读薄，把喜欢的经典读出味道。

课镜三：巧选路径，对话经典

师：同学们，有人说："读书，如若不能切己关联，将自我的生命投入到作品深处，即使是再伟大的作品也有可能在我们手中沦为一种泛泛的消遣。"在阅读《经典常谈》的过程中，我们该如何做到将"自我的生命投入到作品深处"？一条简单实用的路径就是——与经典对话：与朱自清对话，与《经典常谈》里的每一类作品对话，与其中的每一部书的作者共情，与作品中的每一个细节共鸣……如何才能实现与经典的对话呢？请同学们各抒己见。

生1：对话的前提应该是先读起来吧。

生2：不光是读，还不能被动地读，要主动地去感知，去理解，去质疑。

生3：读的过程要注意整理。

师：如何整理呢，请细谈？

生4：就像平时做阅读理解一样，先整体感知。在这个过程中，我们要主动去梳理文中大概写了什么？怎么写的？写得怎样？同时，还要整理出自己的困惑。接着，就要确定重点，细读理解。根据前面说到的选择性阅读策略，我们根据自己的兴趣、需要及疑难点来确定好阅读重点，然后细品、精评相关内容，在不断追问质疑释疑的过程中，让阅读由浅至深。当然，最重要的是要与作者对话。与作者对话，不是对作者姓名、字号、生卒年月、重大经历及代表作品等进行简单罗列，而是要对作者的生命情怀形成特别关照。也就是说，要读出文字背后隐藏着的作者这个人，了解他在创作时的特定心境，从而明白他为什么要写，又为什么要这样写。

师：与平时的阅读相结合，你做到了活学活用。同时，你在表述时思路清晰，层次分明，让人易听易学，好！其他同学还有没有补充？

生5：我觉得我们平时学的读写结合策略也是与作品、与作者对话的一种方式。

师：补充得非常好。以我们的读后感为例，这就是我们与作品对话的痕迹。好，接下来，我们就自选角度，展开与经典的对话。

生6：老师，同学们，我想与《经典常谈》的作者朱自清对话。我想说：朱自清老师，我感受到了您的良苦用心。您在风口浪尖上做了这件事。您的《经典常谈》用语平实，让人读来很舒畅。而且这本书也正契合了书中所言孔子把学术大众化的理念。我深深地觉得，读了您这本书，就算是为今后真正地读经典夯实了基础。谢谢您。

师：充满感恩之情且很有认识深度的对话！

生7：我用批注的方式与具体内容展开对话。我对《四书第七》作了如下批注：

"四书五经"到现在还是我们口头上的一句熟语。（批注：总领全文，引出下文对"四书""五经"的诠释）

只要囫囵吞枣地念，囫囵吞枣地背，不懂不要紧，将来用得着，自然会懂的。（批注：古时候先生教书，并不解释，只是让学生背，背下来考科举就能用得上。即便不为考科举，书中很多话的含义，长大后也自会豁然开朗）

科举几乎是当时读书人唯一的出路。（批注：这是封建时代读书人背书的原因，考科举是获得成功的敲门砖。一个普通人想要得到功名利禄、荣华富贵，最根本的前提是要先考中科举）

……

师：你们的对话很具体。

生8：我给我们小组其他几位同学写了一篇阅读指南，我想这也算是与经典对话的特殊方式吧。

《〈战国策〉第八》《〈史记〉〈汉书〉第九》阅读指南

小伙伴们，我们这一组同学大多对历史感兴趣，所以一定要好好读一读《经典常谈》的《〈战国策〉第八》《〈史记〉〈汉书〉第九》。这两篇文章会告诉我们《战国策》《汉书》《史记》这三部书的写作背景及主要内容。更为重要的是，朱自清以幽默诙谐且通俗易懂的语言简笔勾勒了那些特定历史时期的人和事，保准让喜欢历史和文学的我们兴致盎然。我们读《战国策》要重点关注这部书的发展由来及艺术特色，读《史记》《汉书》则可以采用对比阅读的方式，在粗知内容的基础上比较其异同，明确其在历史和文学上的不同地位。

师：看似与伙伴的对话，实则也是与经典的对话。

生9：我们组用做任务的方式与经典对话。

例如，任务——读楚辞

表2　链接材料

楚辞经典	《经典常谈》的相关内容
日月忽其不淹兮，春与秋其代序。惟草木之零落兮，恐美人之迟暮。不抚壮而弃秽兮，何不改乎此度？乘骐骥以驰骋兮，来吾道夫先路。（节选自《离骚》）	他又用了许多神话里的比喻和动植物的比喻，委婉地表达出他对于怀王的钟爱，对于贤人君子的向往，寻于群小的深恶痛疾。他将怀王比作美人，他是"求之不得"辗转反侧；情词凄切，缠绵不已。

（1）文段中的"他"指的是（　　　　）

（2）请运用《经典常谈》中的相关内容谈谈《离骚》中"惟草木之零落兮，恐美人之迟暮"的深层含义。

师：这种经典对话的方式很别致。

生10：我们组搞的是读后感分享活动。

生11：我制作了个性化的经典推荐卡。

生12：我们几个为名著人物写了颁奖词

……

师：同学们用了很多方式与经典对话，不仅是与文字对话，更是与文字背后的作者进行灵魂层面的交流沟通。就在这样的对话中，我们与经典建立了亲密的联系，就在这样的对话中，我们走进经典感悟经典，让经典之美薪火相传。

国学经典是中华民族的宝藏，也是值得每一个中国人穷尽一生精力去探寻的珍宝。通过以上导读活动，我们相信：我们的学生在寻宝的路上一定能走得更加坚定，更加稳健。

【教学反思】

消弭经典阅读之艰

一、从现实问题出发，消除学生与经典的隔膜

《经典常谈》是朱自清专门为中学生撰写的一部关于传统经典的导读书。他的目的很简单，就是给需要读经典的学生做个向导，指点阅读门径，让他们面对浩如烟海的古代典籍不至于茫然无措。但一个现实的问题是，彼时的中学生与此时的中学生，已经相隔了近一百年的时光。

彼时的中学生，或多或少学习过传统文化。即便如胡适这样的新文学干将，也是能将十三经倒背如流的；而此时的中学生，普遍不熟悉《三字经》《千字文》，他们至多能将课内古诗文背个滚瓜烂熟。他们与经典有隔膜，如果缺少强烈的兴趣驱动，多半只能浮光掠影、走马观花。

鉴于客观学情，教师以激活学生阅读的主动性与积极性为旨归，从学生阅读的共性难题出发，以澄清为什么要阅读经典这个问题为旨归，采用层层设问的方式激发学生的探究欲，激活学生的阅读兴趣，帮助学生由表及里、由浅入深地一步步通向经典阅读的深处。

且看《经典常谈》导读课的"揭开经典的面纱"中的几个典型问题：

第一问：有人说"没有经典，我们会停止思考"，大家认同这种看法吗？

第二问：经典到底能不能为我们指点迷津，能不能给我们智慧启迪？

第三问：《经典常谈》中"经典"指的是什么？你所了解的经典的定义是什么？

第四问由学生的回答引出。具体内容为：既然一些经典本身有不合时宜或空洞虚假的毛病，朱自清为什么还要倡导大家常谈经典呢？

这几个问题都是基于学情自然生成的。比如第一问，既然要谈经典，那就要允许别人也谈。这就自然要引出"有人"的看法。在这个见山见水的时代，这个问题的开放性特点毋庸置疑。不过，此时抛出问题旨在引导学生凭借已有的知识经验作出合理的价值判断：经典到底有没有价值和意义。良好的认知基础为解决这个问题做了极好的铺垫。同学们都说得头头是道。此时，教师当即打住，让第二个问题顺势而出：几千年前的古人如何为我们现代人指点迷津启迪智慧？这个问题马上激活了学生的积累，俗语成语都出来了。教师也引经据典，侃侃而谈。这是对经典的价值和意义的又一次实证。第三问属于观照现实的理性之问。大家对经典已建立了初步的好印象，那回过头来朱自清说的经典是什么呢？看得出来，学生的阅读习惯是比较好的——他们懂得在阅读的过程中进行辨识与提取、比较与整合，很快就把朱自清的话原文复述出来了。不过，教师又给出了一个追问：你所了解的经典的定义是什么？学生就自己所了解到的"经典"内涵进行全班分享。教师敏锐地捕捉到学生的回答中那些非常特别的字眼，并以此为基点引发学生思维的大碰撞——经典好还是不好啊？由此引导学生明白朱自清先生的良苦用心：传统的文化里确实有糟粕，但经典是精华。因此全面废除经典就是不对的。就这么个并不见得高深的结论教师也没有直接抛给学生而是引导学生通过知人论世的方式自己去探索、去发现、去眼前一亮。原来，事情真的没有那么简单……

阅读最忌讳的就是生硬地灌输与被动地接受。传统的阅读教学忽视学生的阅读主体地位，一贯以布置阅读任务的方式落实读的要求并通过大量机械死板的填空、简答题来检测学生的阅读效果。这样的做法不仅难以促进学生的读，反倒让学生因疲于应付而假读甚至不读。问题法基于现实的学情，从解决学生的心理困境出发，立足学生的困惑及兴趣需要层层设问，让学生阅读有目标，思考有方向。

这是一个人人都可以拿经典说事的年代。但经典究竟什么？它有什么好？它的好跟中学生有何关系？朱自清为何如此煞费苦心？解决了这一系列的问题，就解决了中学生与经典的隔膜问题。

让学生带着问题走进课堂，带着更多的思考走进经典。诚如是，则经典可常谈常新。

二、从阅读初心着手，教给学生阅读的策略

《经典常谈》从仓颉造字的神话传说、中国汉字最早的起源讲起，从占卜文的简单记载，到民间传唱的歌谣，到司马迁堪称史家绝唱的《史记》，再到辞藻华丽的汉赋，再到五言七言古诗，再到唐宋时期的中华文化大气象；再到韩愈、欧阳修的古文运动，提倡复古自然，文章潮流再次回到秦汉初期的朴素自然……朱自清先生以通俗的语言展示了我国古代思想文化的基本面貌，以严谨的治学态度梳理了中国传统文化的精髓。

这是一部内容很深刻、思想很精彩的著作。但对于缺乏相关古代文化常识的初中生来说，它又是稍显生僻与枯燥的。教材将之与选择性阅读策略匹配在一起，想必也是基于这个考虑。好在《经典常谈》十三篇文章，既有一定的顺序，又能各自独立成篇；既统摄于传统国学常识这一面大旗之下，又经史子集各自为政。因此，这本书适合选择性阅读策略。

在学生面对这样一本体系周全、内容庞杂的导读书犹如"老虎吃天无从下口"的时候，给他们介绍一点选择性阅读的策略是非常必要的。毕竟，基于个人阅读背景所导致的兴趣点不一样，需求点不一样，疑惑点不一样，阅读习惯不一样……

选择性阅读，就是在给予学生思想自由最基本尊重的前提下的一种充满智慧的阅读策略。针对自身不同的情况，做出不同的阅读选择。这是每一名

学生必须具备的意识与能力，也是帮助学生在最短的时间内以最快的速度亲近经典的最佳路径。

在这一环节，教师的引导有其绝妙之处。那就是在敏锐地捕捉到有的学生可能根本没兴趣读甚至读也读不懂这些特定学情的情况下，教师当机立断引入"选择性阅读"策略。

对于学生来说，选择性阅读的内涵是可以通过"顾名思义"的方式来把握的。于是教师把给"选择性阅读"下定义的话语权交还给了学生，而学生也畅所欲言了。学生说得差不多了，老师又说："请同学们打开语文书，细读教材"名著导读"板块的提示。在读的过程中，注意圈画出跟选择性阅读相关的信息，并且对照一下，我们自己的思考和表达有哪些可取之处，有哪些需要完善和改进。"教师的话语里既有对学生读书的指导，也有对学生最充分的尊重和信任。将自己的思考与表达与教材的表述相对比找出优劣，当学生发现自己的思考和表达也有可取之处的时候，他们自然是开心的，由此对选择性阅读的深度理解和自由运用也就水到渠成了。

亲近经典并且真正地爱上经典阅读需要一个较为漫长的过程。虽然后面学生在分享具体如何实施选择性阅读这一策略时很有"仿说"之嫌，自由度不够。但不管怎么说，让学生树立起了"选择"的意识，他们在面对一本内容庞杂的经典作品时，就不会因为思想受束缚而被迫假读或不读了。

当然，教师在这一环节的处理上也有稍显急躁的地方。尽管知道"选择性阅读"实施起来并不难，但教师还是担心有学生会操作不当，这是教师潜意识里对学生阅读能力不够信任的表现。在学生还没有自己思考如何实践这一充满智慧的阅读策略的时候，教师将自己的做法和盘托出。这是后面很多分享的同学没有自己的思考的根本原因。日常教学的经验告诉我们，不是学生自己在实践中悟出来的东西，它只是个信息，不能称为知识或能力。

不管怎么说，当学生在课堂上学会了怎么选及选什么的基本策略之后，其在不断的阅读实践中一定能得心应手地运用选择性阅读读好《经典常谈》，正如作者在序言中所说的那样："虽不能教一般人直接亲近经典，却能启发他们的兴趣，引他们到经典大路上去。"

三、基于阅读的个性化特征，鼓励学生对话经典

关于经典，马克·吐温曾下过这样一个定义：人人都希望读过，但人人又都不愿意去读的东西（就是经典）。

面对快餐式、碎片化阅读的轻松与慢读细读的沉重，不要说初中生，即便是成人，也鲜有能静下心来认认真真品读几本书的。慢读细读始终不是绝大多数人的选择，而经典更显得曲高和寡。

要求学生阅读每一部经典显然是不切实际的。但要求每一名学生都或多或少接触经典却是可以做到且必须做的，尤其是当下《经典常谈》已被引入初中语文教材的情况下。一些学生对经典感到索然无味，难以卒读，并不是因为他们对经典缺少敬重，而是因为他们和经典之间存在着巨大的隔膜。经典是过去的还是沉默的，因此要消除这个隔膜只能靠作为阅读者的学生自己。如何让学生主动向经典靠拢，最好的办法就是帮助学生理解经典的内容，理解作者的想法。

在经典和学生之间，需要对话来和解。在这一问题上，教师引导得非常好。

师：如何才能实现与经典的对话呢？

生：对话的前提应该是先读起来吧。

生：不光是读，还不能被动地读，要主动去感知、去理解、去质疑。

这一组对话解决的是学生与经典对话的基本条件问题。那就是对话的前提是读者和经典之间是相互平等的地位，二者拥有轻松融洽的相处模式。经典呈现出来的问题是自然而然的，而学生想要评价、想要质疑的时候是随时拥有话语权的。尤其是后面学生提到在知人论世上要把握文字背后隐藏着的作者这个人，要对其生命情怀形成特别关照，了解他创作时的特定心境，从而明白他为什么要写，又为什么要这样写这些问题的时候，学生与作品的对话已经自然天成了。

考虑到初中生的特殊学情，与其在对话内容及深度上做过多纠结，不

如先将学生引导到如何与经典对话的形式上。初中生正处在对未知世界充满好奇的年龄，他们正逐渐形成自己的思想与个性，创造力极强。在这种情况下，无论何种形式的对话，只要其目的是促进学生读起来，读进去，读懂内容，读懂作者也读出自己，对话形式就不应受限。允许殊途同归，这是教育的智慧。因为凡此种种都是能促进学生与经典对话的好方式。当学生在与朱自清对话的语言里表现他对朱自清的理解和感激；当学生用批注的形式对话文本时，他呈现出来的是属于他自己的感悟和理解；当学生用书写阅读指南的方式表达他对史书的理解时，我们看到的是他对历史的敬畏；当学生用做任务的方式与《楚辞》对话时，他呈现给我们的是其自身对于朱自清的导读文章及《楚辞》本身的认识；当学生写出自己独特的阅读感受，制作出推荐卡片，对经典里的人物写出颁奖词……他们为自己所读的经典做得越多，表明他们与经典的关系越亲近，而在他们亲近经典的方式及层次里，折射出来的就是他们对经典日渐深入的感悟与理解。

对话是阅读经典的最佳姿态。对于不同的学生来说，对话的形式有不同，但对话的水平无高下。因为学生每次对话都是基于当时特定的认知水平进行的，学生无法逾越，教师也不能代劳。因此，尊重学生与经典的每一份对话，但不能忽略必要的引领和指导。所以在这一环节上，如果教师能在学生发言的基础上稍加归纳，同时依据对话的内容和外在形式巧妙地指引学生如何由表及里、由点及面、由浅及深地阅读经典，如此，则会让学生受益更多。

由"点"及"体"的诗选阅读

成都双流棠湖中学实验学校　黄屿

【目标定向】

《艾青诗选》是现代诗集，更有着浓烈的时代色彩，能够帮助学生以诗歌为媒介，叩寻时代的心声，共振爱国的脉搏。同时由于其主旨清晰，艺术通俗，可以为学生打开阅读近现代诗歌的兴趣之门。

诗歌表情达意有三个重要的依托点：一是意象的选择和使用。意象本质上是诗人情感的外显产物，意象特质与情感本质的接近程度，展现了抒情的高妙程度。二是表现手法的运用。诗歌比拟、象征、对比、通感等手法，加上对虚实、动静等方面的灵活处理，是诗歌常读常新、涌现欣赏价值的源泉之一。三是语言的锤炼雕琢。诗歌是费琢磨功夫的文学，"推敲"文字是诗人精准表达感情的重要途径。

诗歌本有的强烈抒情性在艾青的作品中体现得尤为突出，这也成为进行整本书阅读的重点。教师可以从课内单篇入手，引导学生运用诵读感知、意象捕捉、意境整合、情感分析等方式，习得诗歌赏读的一般方法，并在精读时进行运用；也可以让学生在完成略读后提取相似意象，运用续写、补写、仿写等方法，鉴赏分析意象使用的特色；还可以以时间为纲，引导学生串联比读，感受诗人笔下中国的变化，勾连时代背景，感受诗歌的历史意蕴。

【课堂辑录】

课镜一：物中之我——意象与作者形象

《我爱这土地》是教材内的艾青诗歌篇目，作为开启《艾青诗选》整本书阅读的钥匙，教师可以让学生继续从意象入手，感知作者隐藏于物象背后的抒情者身份，进而借由诗歌本身了解诗人的复杂情感和"吹号者"的特殊形象。

活动一：为鸟儿画像

师：《我爱这土地》中的"我"是一只鸟儿，通过前个阶段对这首诗歌的学习，大家能描画一下你心中这只鸟儿的样子吗？可以用画画的方式，也可以用文字叙述的方式。

生：（走上前来，在黑板上画了一只鸟，突出了杂乱的羽毛）我心中的这只鸟就长这样，它羽毛非常杂乱，因为诗里面提到说有"暴风雨"和"无止息地吹刮着的激怒的风"，那么鸟儿的羽毛可能就比较乱。再加上它一直在"用嘶哑的喉咙歌唱"，所以可能并没有时间打理自己，比较狼狈。

师：你的"大作"和诗歌联系得很紧密，为大家做了很好的示范。你可以把你的名字题在旁边。那么就在这幅画的基础上，有没有同学想要参与进来，共同创作一下。

生：我觉得鸟儿的脖子要扬起来，嘴巴打开，更加符合歌唱的形象。（上台修改，并留下题名）

生：老师我其实印象最深刻的鸟儿的样子不是它活着的时候，是它死去的时候。诗里面说"然后我死了，连羽毛也腐烂在土地里面"，我可以大概描述一下，就是一只鸟儿，瘦骨嶙峋的，羽毛也乱糟糟的，死在了泥泞的土地上，雨水和风让它本来美丽的羽毛看不出颜色了，泥土覆盖了它的翅膀。

师：你的描述又贴切诗歌又生动，非常不错。我们也看到了大家对这只鸟儿的描绘，诗歌的第一句是这样写的，我们一起读——"假如我是一只鸟，我也应该用嘶哑的喉咙歌唱"。所以鸟儿这个意象的背后实际上就是"我"，即诗人艾青。结合之前课堂上我们对其他意象，诸如"暴风雨""河流""风""黎明"等的理解，你们能说说艾青是一个怎样的形象吗？

生：诗人非常热爱自己的祖国，他写自己是一只鸟的话，要死在土地里，他本人应该也是愿意为了这片土地死去的。

生：之前学习的时候，说这首诗是创作于抗日战争时期的，艾青说自己要不断歌唱，歌唱那些战争的苦难和人们的希望，他是在发挥自己作为一个文学家的作用，为大家鼓劲加油。

生：对啊，而且艾青说鸟儿哪怕声音嘶哑都不停，他是不是也是哪怕遇到很多困难，也不停止写诗。

师：你们都关注到了时代背景，运用了知人论世，感知到了诗人艾青作为时代号手的自我定位。他为祖国呼喊，用自己的文字倾泻爱国的热情。这种充满热度的表达，哪怕自己声音"嘶哑"也不曾停歇，多么执着，多么深邃。当然，一个诗人的形象我们只看一首诗是不够的，我们再看另一首，看看他是不是如同学们所想。请大家翻到《艾青诗选》59页《春》，先自由朗读。

活动二：问春的来处

师：诗歌末尾有一组设问，我们来一起读一读，并探究："春从何处来？"

生：来自郊外的墓窟。

师：墓窟会让我们联想到……（生：死亡）那么作者的意思是春天从死亡中诞生吗？

生：春天之前是冬天嘛。（有很多反对的声音）

师：大家有不同的看法，不慌，我们先来捕捉一下诗歌里和题目"春"有关的意象。大家可以进行勾画，也可以运用联想的思维先思考一下意象背后可能有的寓意。

生：（展示自己的勾画）有桃花、夜、土地、血液、冬日。我觉得桃花就是春天的代表，当然肯定不只说是自然界的春天，它应该还指当时中国的一种希望。这种希望是诞生在夜里的，诗里说夜里有"血斑""刮着风""没有星光"还有"寡妇的咽泣"，"那些夜"这个意象应该指的是比较艰苦黑暗，有很多人牺牲的这个过程。

生：后面的"血液"也应该是一样的，就是代表了牺牲。"冬日"和"夜"这两个意象的内涵应该是差不多的。但是我又有一个疑问，《我爱这土地》里面诗人对土地，就是对中国，是很热爱的。但是《春》里面说土地像"饥渴的野兽"，吞噬血液，感觉诗人好像又没那么热爱了。

师：两位合作得很好，也抛出了一个好问题。我们可以先明确一下土地舐吮着年轻人的血液，其实就是指很多年轻的有志之士为我们的国家抛头颅、洒热血。这样的事情千百年来一直在发生，这样的牺牲也让人不忍。但是我们纵观诗歌前后，牺牲的鲜血哺育了希望的花朵，说明在作者看来为大地牺牲这件事虽然残忍但是……值得。这种牺牲是值得的，那么对大地就依然是热爱的。只是面对牺牲，作者有复杂的情绪，所以对"大地"这个意象有了不同的处理。

师：老师也有一个问题，大家觉得在这一片春色里，作者充当了一个怎样的角色呢？

生：《我爱这土地》里，诗人说自己如果是鸟儿，就要死在土地里，我觉得在《春》这首诗中，诗人应该也是想要成为在夜里牺牲，然后换来春天的人。

生：诗人之前说自己是歌唱者，那这里他就是在为这些牺牲的人唱赞歌，希望他们的付出能被大家知晓。

师：所以他既是有报国之心的爱国者，又是苦难时代的"吹号者"。你们的解读是符合艾青自己的定位的——"作为一个悲苦的种族争取解放、摆脱枷锁的歌手"。相信了解这段历史后，大家对于艾青歌颂的这个春天会有更深的了解，对艾青这个诗人也有更深的认识。

课镜二：物中之色——意象的采集设色

艾青是由画转入诗的，这样的创作经历使他的作品极具画面感，同时在色彩的运用上具有极高的艺术性。在进行推进课时，学生已经阅读了艾青相当数量的诗歌，对他的风格有了模糊的感觉。此时教师让学生适合连点成线，共同探究他在意象选取和色彩安排上的特点。

活动一：采集命运的截面

师要求：课前细读《大堰河——我的保姆》，完成下述两个问题的思考，在组内讨论交流后以小组为单位汇报。

（1）作者为何为大堰河写诗？

（2）诗歌围绕大堰河截取了哪些片段？这些片段的选择有何特点？

生：我们组认为是出于个人的情感。大堰河是他的保姆，从诗歌中能够看到大堰河对"我"很好，养育了"我"，并且"深爱她的乳儿"。作者对大堰河有很深的感情，从他回到父母家却"忸怩不安"能看出他那种深深的眷恋，还有因为大堰河去世时自己不在身边的强烈的愧疚，这一点体现在他反复写的"她死时，乳儿不在她的旁侧"。

生：我们组觉得还有对大堰河命运的同情，诗歌中展现出来的大堰河身份卑微，甚至没有自己的名字，靠给人当保姆和劳作生活。从很多细节，比如"乌黑的酱碗""结冰的池塘"，能看出来她生活条件不好。"打骂她的丈夫""五个儿子"能看出来家庭也不幸福。而且在她死后这些家人也过得不好，作者对她非常同情。

师：仅仅是对大堰河这个人吗？

生：大堰河应该是当时农村妇女的代表，他们都被黑暗的社会压迫，过得非常痛苦。作者同情他们，也批判这个让人痛苦的时代。

师：我们可以尝试沿着由小到大、由个人到社会的路径来分析作者的创作动机。

生：从个人层面，作者深爱、怀念她，所以为她写诗；从社会层面，作者是为千千万万和她一样命运艰难的人民鸣不平，是为大众写诗。

生：结尾处也提到了作者当时在狱中，所以也是为自己呼喊吧。

师：我们之前说艾青是"吹号者"，现在看来是因为他与人民同呼吸、共命运，悲喜与共，所以才能创作出这样的作品。

生：诗歌围绕大堰河讲了她的坟墓、故居、园地、石椅这些环境；以及她照顾"我"时做的事情，搭灶火、拍炭灰、煮饭、补衣服、包扎伤口、掐死虱子、捡鸡蛋；还有她劳作的片段，洗衣服、洗菜、切菜、做猪食、炖肉、晒粮食；她与"我"的相处，切糖、贴乳儿的画、赞美乳儿、做梦；还有她死时和死后的一些内容，亲人的哭泣、乳儿的缺席、葬礼的简陋、死后大家的命运。

师：依照诗节的分层，同学们做了很全面细致的概括。恭喜你们。当然我们也可以在这基础上进行整理，比如说按照时间，我们可以分为大堰河生前和死后。

生：按照情感，分为苦和乐。劳作是辛苦的，和"我"的相处又是快乐的。

师：那么苦和乐的比重相当吗？

生：苦比较多，乐比较少。

师：看来这是作者有意的选择。除此之外，选择的这些片段还有什么特质呢？

生：我认为作者选择的片段都很真实，他应该很了解农村生活，特别是写大堰河劳作的片段，洗菜、切菜、做饭是一个完整的过程。

生：还有黑黑的碗、虱子这些内容，可能是不太美好的东西，但是作者还是展现出来了。

师：真实质朴的选择，这也是作者有意为之的。这样做的目的是什么呢？

生：因为作者写这首诗就是为了表达对大堰河一类人的同情和对当时时代的批判，所以要特别写出来那种真实的苦。

师：是的，内容的选择是为写作意图服务的。

活动二：调试命运的色彩

师：提取《大堰河——我的保姆》描绘主人公时使用的颜色。讨论：这些色彩与人物命运之间有着怎样的关系？

师：大家找到的颜色可以按照场景分类一下，方便我们形成整体的意境。

生："我"想起她时，有雪的白、瓦菲的枯黄、青苔的绿。

师：这些颜色给你怎样的感觉？

生：很冷。有点难过。

师：看来颜色和情感是紧密联系在一起的。我们的诗人艾青学过很长时间的绘画，对色彩的感知也非常敏锐，运用在诗歌里也有很多的巧思。大家后续在罗列色彩的时候不妨进行感情上的联想。

生：她照顾我的时候，有温暖的手掌，我觉得是粉红色的。有灶火的黄色、炭灰的黑色、饭气的白色、酱碗和桌子的黑色、儿子们伤口的红色、虱子的黑色、鸡蛋的土黄色。很多颜色都比较暗，但是我感觉还是很温暖。因为她一直用手抱着、抚摸着"我"。那种温暖的爱意，因为在这样有点脏乱的环境里，反而更加突出，应该是形成了对比。

师：很好，甚至分析到了色彩的对比上，真不错。

生：大堰河劳动的时候，河水结冰，是蓝白色，让人感觉很冷，感觉她很辛苦。

生：写她深爱乳儿的时候，有糖的颜色、关云长大红大绿的行头，做的梦里辉煌结彩，五彩斑斓，让人感觉很热闹，很开心。

师：大家感觉到色彩和人物命运之间的关系了吗？

生：快乐的时候暖色或者颜色丰富，痛苦的时候大多是冷色或是单调的颜色。

师：非常精准。那么我们如何来看作者最后说"黄土下紫色的灵魂""泥黑的温柔的脸颜"？

生：黄土和泥黑是因为大堰河是农民，展现了她的身份。紫色是冷色，我觉得是说她一生比较悲苦。

生：紫色也是比较高贵的颜色，我认为是说大堰河虽然是土生土长的农民，但是她又慈爱又勤劳，灵魂是高贵的。

师：都是运用了色彩的联想进行的精彩解读。通过今天的学习，我们发现艾青在选取诗歌的意象时往往服务于主题选择朴实的内容，在色彩的使用上注重颜色之间的对比，喜欢创建颜色与命运好坏、情感悲喜之间的关系。这些都使他的作品画面张力极强。大家在后续的阅读中，可以运用今天学到的方法去赏析他写人的作品，比如《九百个》《吹号者》《年轻的母亲》，还可以研究他是如何处理自然意象的，比如《我们的田地》《初夏》《下雪的早餐》。

课镜三：物中之变——意象的内涵流转

"土地"是艾青诗歌中高频出现的意象，它的内涵相对固定，指向国家。不过表现的形式、意象的特征、寄托的情感都有较为明显的区别。在完成对全部诗歌的阅读后，教师适合带领学生以这个意象作为切口，鉴赏意象的妙用，感受诗中的时代印记，加深对革命文化的认同感。

活动一：裁切一片"土地"

师：《艾青诗选》的阅读进入尾声，班级拟以"土地的儿子"为主题形成一个宣传板，请同学们各自从书中摘录一句与"土地"有关的诗句，标注好出处和创作时间，批注土地的特点和作者的感情，上台展示并粘贴。

生：《画者的行吟》创作于作者留学期间，"沿着塞纳河，我想起：昨夜锣鼓咚咚的梦里，养我的村庄的广场上，跨过江南和江北的游艺者手里的，那方凄艳的红布"，作者笔下的"土地"是作者眷恋着的古老神秘的故乡。

生：《春》创作于1937年4月，"而这古老的土地呀，随时都像一只饥渴的野兽，舐吮着年轻人的血液，顽强的人之子的血液"，展现了作者对旧中国的复杂情感，对爱国志士的崇敬与惋惜。

生：《春雨》同样写作于1937年的春天，"我要看一年开放一次的；桃花与杏花；看青草丛中的溪水，徐缓地游过去"，"土地"是朝气蓬勃的，传达的是诗人对大地回春的欣喜。

生：《雪落在中国的土地上》写作于1937年12月28日，"饥馑的大地，朝向阴暗的天，伸出乞援的，颤抖着的两臂"，展现了战乱中贫苦破碎的中国大地，表达了作者的深爱与苦痛。

生：《北方》写作于1938年2月4日，"我爱这悲哀的国土，古老的国土——这国土，养育了为我所爱的，世界上最艰苦，与最古老的种族"，"土地"是悲哀又博大的，作者深爱它。

生：《吹号者》写作于1939年，"他寂然地倒下去，没有一个人曾看见他倒下去，他倒在那直到最后一刻，都深深地爱着的土地上"，展现了土地上的吹号者对土地的保卫。

生：《旷野》写于1940年1月，"你悲哀而旷达，辛苦而又贫困的旷野啊……"展现了"土地"的悲哀贫困，表现了作者对中国和土地上的人的同情。

生：《土地》写于1940年4月，"从这里到天边，从天边到这里，幸运与悲苦呀，哭泣与欢笑呀，互相感染着，互相牵引着，而且以同一的触角，感触着同一的灾难，青青的血液沿着脉络，密密地络住了它们乌黑的肉"，"土地"相互连接，共享悲喜，作者也和大地、大地上的人们心心相印。

生：《公路》写作于1940年，"铺呈在我的前面的道路是多么宽阔！多么平坦！多么没有羁绊地自如地，向远方伸展"，展现了诗人行走在公路上的愉快的和激动的心情。

生：《村庄》创作于1941年12月，"什么时候，村庄对都市不再怀着嫉妒与仇恨，都市对村庄也不再怀着鄙夷与嫌恶，它们都一样以自己的智力为人类创造幸福，那时我将回到生我的村庄去，用不是虚饰而是真诚的歌唱，去赞颂我的小小的村庄"，作者对中国土地上的城市和村庄的关系进行了深入的思考。

生：《河边诗草》创作于1942年4月，"人类解放的信号，旧世界崩坍的标记，眼泪所栽培的欢笑，血所灌溉的花朵，旗，欣喜地飘荡着，在中国的古老的土地上"，展现的是红色旗帜下充满喜悦的大地，传达了作者对革命的高度认可。

生：《新的年代冒着风雪来了》写于1954年，"让我们乘着时间的列车，走上我们的新的路程。无边的大地覆盖着白雪，静静地、静静地等待春天，当铁犁犁翻松软的土地，原野将变成绿色的大海"，中国大地迎来新的时代，作者怀着饱满的热情和期待。

活动二：编织一幅"画卷"

师：大家的摘录有些凌乱，你会用什么样的方式进行整理？整理后谈谈你的发现。

生：我会按照内容来进行整理，作者写"土地"这个意象，其实是包括很多内容的，比如《九百个》《他死在第二次》里面的相关内容是写的土地上的人们，《春雨》《山毛榉》写的是土地上的树木生灵，《斜坡》《我们的田地》写的是土地上人们的生活，《雪落在中国的土地上》《河边诗草》则指的是中国的广大国土和中华民族。

师：你有很强的概括和分类能力，老师建议你把自己的结果用气泡图的方式做出来，相信会更加直观。以内容为依据整理之后，大家有什么发现吗？

生：诗人写一个意象会发散性地涉及很多别的方面，合起来也使这个意象被展现得更加全面具体了。

生：作者对于中国的方方面面都有着很深的了解和很深的感情，这样他才能写下与土地相关的这么多的内容。

师：没错啊，艾青在《生命》这首诗中就说自己身体里"漩流着，土地耕植者的血液"，他是被农民养大的"土地的儿子"。

生：我会按照时间顺序来进行整理，以年份作为线索来排列。

师：这也是我们阅读的顺序，那么你有什么新的发现吗？

生：土地的特征和作者对土地的感情是在变化的。这种变化有比较短时间内的变化，比如同样创作于1937年的《春》和《春雨》，它们的题目也很相似，但是展现的土地的样子和作者的态度有很大差异。《春》里的土地一方面是旧社会、旧中国的写照，作者憎恨它，同时有中华民族的意义在里面，作者赞美为她牺牲的烈士们。《春雨》里的春天可以单纯地理解就是自然界的春天，作者渴望去看万物复苏的景象，也可以认为雨象征的是战争，作者是愤恨战争的，这让他无法看到本应该花红柳绿的大好河山。但无论怎么理解，大地是美好的。我觉得这种变化很有意思。

师：这是作者思想流动的印记，你非常敏锐。哪怕同时同地同人，面对同样的对象，我们的思维总是跳跃的、飞转的。我们也可以理解为，面对同样的内容和相似的主题，作者采用了不同的艺术手法，也带给了大家不同的艺术体验。

生：也有跨度时间比较大的变化，时间越往后，作者笔下的大地也变得越来越好。1939年之前的很多诗歌，作者写大地往往都是展现贫苦，展现人们的迷茫，展现黑暗时代的压迫。但是1940年后，作者写大地往往会写到参加革命的人群、红旗飘扬的山头，还有公路、城市这一类事物。通过这些，我们能感受到作者在目睹祖国大地的变化后，也为这种变化开心不已。当中国的大地摆脱战争和饥贫后，作者就写城市、乡村关系这些内容，他的诗是与时俱进的。

师：确实如此，1941年后艾青投身延安，这是他诗作中革命元素增加的重要原因，1949年后的创作也是紧随时代浪潮，歌颂新时代和主旋律。他的诗歌其实也是中国近现代的一面镜子了，读这些变化，我们也就更加走进了那个时代。

师：老师建议你用程序图的形式来展示你的整理成果。把你的精彩分析也附到后面，形成你的独家展板。

师：除了"土地"这一意象，艾青的诗作中还有很多其他反复出现的意象，比如"太阳""海浪"等。大家也可以运用今天的摘抄—分析—整理—探究的方法进行进一步的学习。

【教学反思】

集诗须得用经纬

一、以"体"为要，量体方可裁衣

《艾青诗选》是文选类作品，也是初中阶段12本必读名著中唯一一本诗歌集。教师引导学生阅读时既要关注诗歌体裁的特殊性，也要关注选集形式的特殊性。

　　教师从诗歌的体裁特点着眼，可以帮助学生校准进行此类整本书阅读的目标和策略。诗歌大多篇幅短小，表达委婉，抒情性强，理解作者包裹在诗句中的情感是诗歌阅读的重点目标。与此相关的，运用了何种抒情方式、运用了何种表现手法、进行了何种词句的斟酌等，也应该纳入进行诗歌阅读的目标中来。而达成这些目标的策略，也就自然与其他体裁作品的策略不同了。诗歌本身是口头的艺术，当下的诗歌教学课堂也注重"读"的活动设计。"读"自然也可以作为进行诗歌整本书阅读的重要策略。只是与课堂教学不同，诗歌体裁整本书阅读的"读"发生在课外，因而尤其需要教师事先进行朗读的指导与训练。从七年级上册第一单元开始，教材设计者就引导教师和学生共同学习重音停连的处理，到学习《艾青诗选》的九年级，朗读基本知识和技巧的学习应该已经达到了较高水平。学生在进行诗选的阅读时，教师应提醒、指导或设计相关活动，让朗读成为推进整本书阅读的重要方式。除了"读"，"联"与"思"也是诗歌阅读的重要策略。"联"是要将诗歌与作者、时代等进行勾连，也是进行诗歌教学时着重强调的"知人论世"。同时，"联"也可以是与已有诗歌学习经验的联结，在陌生的文本中唤醒学生的学习经历，包括对词句的推敲方法、手法的使用鉴赏等，学以致用，帮助学生进行独立的诗歌阅读。"思"则指的是思辨性思维。诗歌由于表述方式大多含蓄委婉，意蕴的解读有很多模糊的范围，会留下许多可以放学生自由思考的空白之处。而哪怕是对已有"定论"的内容，也不妨让学生进行挑战辩论，读出自己的个性版本，充分发挥学生学习的能动性。

　　教师从选集的形式特点着眼，可以为诗歌整本书阅读的推进和活动设计提供更多可能。诗歌选集和小说类的文本不一样，由于内容相对零散，所以各个版本的内容和顺序都有较大的区别。这种区别一方面提升了选择版本的复杂度，另一方面也为阅读本身打开了窗口。读名著，本质就要从读版本开始，多样化的版本选择，教师可以作为预读课的一个环节，将主动权交由学生，在这个过程中也可以指导学生辑录文学作品的一般方法。而在阅读过程中，选集的形式使学生的阅读更加自由，几乎可以随看随歇，在统筹好阅读进度的大前提下，使学生的阅读氛围趋于轻松。选集类的作品还为学生的阅读活动提供了更多的可能。在推进课和展示课中，在学生已经熟悉诗歌内容、作者形象、时代背景等的基础上，教师完全可以进行诗选的"打乱重排"，让学生根据自己的研究成为选择的"辑录者"，从被动的选择版本转变为独立自主的创造版本，在这样的任务驱动下，去完成对于诗歌的整合研究，形成个性化的阅读成果，并能够让学生进行分享展示。

二、以"教"为引，按图才好索骥

《艾青诗选》是九年级上册的名著阅读篇目。而该册书第一单元就是诗歌主题的活动探究单元。其中的任务一"学习鉴赏"要求学生独立阅读六首诗歌，并给出了相应的阅读策略，教材也在每首诗的页面上设计了旁批、注释和其他补白内容。在单元整体教学的推进中，学生通过对教材上六首诗歌的学习，基本能够掌握阅读现代诗歌的一般方法，逐步养成适应这类文体的学习习惯；关注诗歌的情感基调、抒情方式、意象使用、结构特色、朗读技巧，在学习中注重独立阅读的个性感受，并与合作探究相结合，最终形成个人的学习成果。这些内容都是在课内习得，并在进行《艾青诗选》的整本书阅读时必备的学习能力。基于此，在进行导读课设计的时候，教师应该利用好教材的这一编排用心，将名著导读的部分与第一单元的活动探究相结合，甚至可以勾连起九年级下册的第一单元，进行诗歌题材的主题性学习；将后续的名著阅读，作为这一学习任务的评价内容，帮助提升教学的有效性，也有利于学生构建起完整的知识体系，习得"这一类"的阅读技巧。

九年级上下册第一单元选入十四首诗歌，如上述所言，教师一方面可以将其作为进行课外整本书阅读的"先行队"，帮助学生习得和内化相关知识。另一方面也可以作为极好的比读材料，与《艾青诗选》的内容进行比对阅读。这十四首诗歌与艾青的诗歌之间，可以构建不同主题的比读，诸如同时代诗人诗歌风格的探究阅读（艾青与芦荻、穆旦、卞之琳等）、爱国主题诗歌的不同表达（《艾青诗选》相关篇目与《乡愁》《祖国啊，我亲爱的祖国》《风雨吟》等）、不同社会身份的诗人的诗歌比读（艾青与陈毅、芦荻、柯岩等）、同样的意象在不同诗歌中的表达效果等。在此过程中，教师可以引导学生感受诗歌在社会生活中的宣传性作用，构建对近现代诗歌流派的认识，加深对艾青诗歌本身特殊性的认知，形成针对现代诗歌的浑整认识和知识储备框架。

九年级上册第一单元第三课是艾青的《我爱这土地》，作为《艾青诗选》中的代表性篇目，它引领学生从教材走向名著、从课内走向课外、从教学走向自学的样本。因而，在上述教学实录中，我设计了以此为依托的名著阅读导读课。设计的目的是希望学生运用课中习得的意象分析方法，通过对意象的分析，达成对作者形象的感知，从而摒弃一般的名著导读直接介绍作者的环节，让学生通过涵泳文字，由诗及人，自主地形成对作者的鲜活认识，进而为后续的整本书阅读打好基础，做好准备。

除了教材的引领，针对名篇的教读也能为学生后续的独立阅读提供助力。《大堰河——我的保姆》作为一篇场景缀连、意象繁多的作品，典型地展现了艾青在诗歌创作中对于颜色的使用。在带领学生解决问题的过程中，教师引导学生进行梳理、探究，最终达成对意象色彩与人物命运、作者情感的勾连。后续自主阅读类似的诗歌时，学生能够有品读鉴赏的新角度。教读，除了教篇目，还要教思维。在对诗选进行重新整理编排的时候，学生在老师的引导下探索"土地"意象的内涵和表现、梳理意象情感的流变。此时应留下学习的痕迹，因此教师要指导学生用相应的思维导图将学习成果固化下来。后续在研究其他意象的时候，学生就能够有法可用。

三、以"物"为线，金章无须连珠

由于诗歌选集形式的零散特性，阅读周期较长的整本书阅读容易陷入聚焦不够、探究内容游离的情况。因此此次进行《艾青诗选》的阅读时，基于诗歌的特征，我选择了"意象"作为线索，串联起了多次的阅读活动。

在导读课的设计中，为了消解学生对于书本的陌生感，教师可以选择教材中的诗歌《我爱这土地》作为引子，勾连《艾青诗选》中较早时期的作品

《春》，进行有关意象分析和作者形象分析的学习。《我爱这土地》是一首情感饱满，意象鲜明的作品，是艾青作为爱国诗人的代表作。《春》这首诗歌在上述方面也呈现出这样的特点，两首诗歌具有明显的共性，前者展现了诗人所希望的自己的样子，后者展现了诗人崇敬的形象，可以连接起来，形成对于诗人形象的整体性认识。这一设计将关键活动环节聚焦到了两首诗意象的分析上，前者是为诗人的化身"鸟"进行画像，后者是对于"春"这一中心意象进行追问。在此过程中，教师应鼓励学生进行思辨，让学生感受到"爱国"并不是简单平面的情感，而是有着更加复杂的内涵，避免了诗歌理解的简单化，让学生在学习中能够运用已习得的知识，消减陌生性，降低学习的困难程度；同时也能从了解作者入手，为后续的阅读做好知识储备和方法训练的双重准备。

在推进课和展示课设计中，教师也可以从意象的角度入手，关注艾青诗歌意象的选择和色彩上的特色，以及同一意象在不同时代的意蕴流转，从而探究艾青在诗歌创作上的个人风格，感受诗歌与时代之间的密切联系。《大堰河——我的保姆》是艾青诗歌中写人的代表作，也是高中阶段的学习篇目。学生使用的名著版本针对这一篇目设计了旁批来引导阅读，为学生的前置性学习提供了路径支持。在此基础上，教师应通过组织学生小组活动来整理和思考诗中的意象，让学生对艾青诗歌创作时意象选取有自己的直观感受，也能加深学生对诗歌阅读的认识，即意象的选择与写作意图强相关。然后选择意象特征的一个小切入口——色彩，将情感与画面勾连起来。这两个关于诗歌意象的分析思路，在艾青其他写人的作品，乃至于写自然社会内容的作品中都可以进行运用。而后续的阅读活动，也可以基于此次阅读所得开展独立或合作性的阅读活动，形成鉴赏性文字。同样地，抓住"土地"这一意象，在全班性的合作展示中检验学生前一阶段的阅读进度和阅读精度，让学生进行粗略的阅读地图的绘制，进而让学生以此为底板，结合自己的阅读分析，对诗选进行重组，最终形成个性化的阅读成果。

四、以"情"为弦，共振时代心音

诗歌是抒情性极强的文体。读诗本身就是勾连此时与彼时的情状，沟通此人与彼人的情感的过程。《艾青诗选》是爱国色彩浓烈的作品，为了避免爱国情感教育的单薄与片面，阅读中尤其呼唤真挚的情感体验。

首先是对作者形象生情。在整本书阅读中，要克服学生长期阅读带来的倦怠感，激发阅读的兴趣，就需要其对作者的形象产生认同感。因此，在进行导读时，教师可以设计针对作者形象的分析活动，一方面是为后续阅读做好基本的知识储备，另一方面也是为了加深学生对作者形象的认同。爱国主义诗人不应该是一个标签化的符号，而应该体现他复杂鲜活的"人的色彩"。爱国的情感本身就是复杂的，除却一往无前的奉献、面对敌人的愤恨、共同团结的热情，还应该有面对时局的不满、面对牺牲的伤感等其他内涵。只有让学生感受到这种复杂性，感知到诗人也是普通人，与诗人的经历同悲喜，才能真正认可这位作者，进而对于他的作品产生阅读动力。

其次是与作者内心共情。阅读诗歌作品，无论是对于情感基调的粗略感知，还是对于思想感情的探究分析，其实都是不同程度地与作者的共情。因而在自读的指导中，教师要着重注意引导学生随手批注情感解读。在进行推进和展示时，教师可以采用朗读比赛的方式，通过勾连口诵与心读，评价学生对诗歌的情感理解情况；还可以通过提取意象、分析意象特点的方式进行情感解读，并由此推究语言细节的使用和表现手法的使用。教师还要注重以写作个性化鉴赏报告或绘制个人解读思维导图的方式将学习结果固定下来。在整个学习过程中，种种方法的使用不单单是为了解决一个个问题，完成一个个任务，而是为了不断将自己代入到诗歌描绘的情境中，将自己当作诗人，设身处地地去理解。

最后是理解特殊的时情。艾青的创作时间跨度很大，生活的时代是中国近现代历史中产生巨变的阶段。这一阶段的复杂性，以及与当下时代的距离感，使学生的阅读理解有较大的难度。在进行自主阅读和阅读活动推进的过程中，教师尤其需要注意知人论世的运用。相关的时代资料可以由上而下地准备给学生，也可以由下而上地让学生进行资料的搜集和整合，后者更能锻炼学生的自主学习和合作能力。同样，进行诗歌的整合阅读更能够让学生深入理解时代的变化。特别是对于同一意象在不同时代的不同意蕴内容的探究，能够从一个小而具体的切入口，让学生真切地感受到时代变化对于诗人创作的巨大影响。